漂泊の民サンカを追って

筒井功

現代書館

漂泊の民サンカを追って＊目次

装幀・中山銀士
写真・著者

第一章　ある家族の風景

1　母親の死

昭和三十八年十一月二十九日の埼玉県中部地方は晴れであった。東松山市田木《たぎ》五〇五に住む坂口澄子は、いつもどおり夫を送り出したあと、境内の掃除をしていた。

冬がそこらあたりまで忍んできているようなその朝、東松山市田木《たぎ》五〇五に住む坂口澄子は、いつ

いや、そうではなく、掃除はすでに終わり庫裏でお茶でも飲んでいたのかもしれない。

彼女の夫、賢海《けんかい》は真言宗智山派慈眼《じがん》寺の住職であり、かたわら東松山市役所に勤務していた。その夫が出かけてしばらくたったころである。

「おばちゃんよお、あたしの知ってる人が死んじゃったみたい」

斉藤菊恵（仮名）が、お寺へやってきて、そう訴えたときのことを澄子は四十年近くたったいまも、わりとはっきりおぼえている。当時、澄子は四十六歳だった。

「知ってる人が亡くなったですって。まさか、あなたの旦那さんじゃないわよね」

「違うわよ、おばちゃん。死んだのは松島のおばちゃん」

東松山市毛塚の越辺川の河原。松島ヒロは、ここにあった小屋で死亡した。(平成14年7月14日)

菊恵の言うには、死者は住まいの小屋に寝かされているということであった。

「とにかく行ってみましょう」

澄子は、そのまま寺を飛び出し、菊恵の前になり後になりしながら村の道を東へ急いだ。

澄子は小屋というのが、どこにあるのか知っていた。遠目にではあったが、これまでに何度も見かけたことがあったからだ。慈眼寺から、そこまでは七、八百メートルの距離であった。

小屋は、村の南側を流れる越辺川《おっぺ》の岸辺に建っていた。それも似たような格好の小屋が二つ、何十メートルかのあいだをおいて建っていた。

そのうちの一つに、たったいま彼女を呼びにきた菊恵の一家が住んでいた。もう一つには子供が六人だか七人だかいる夫婦が暮らしていた。菊恵の話では、その隣家の主婦が死んだというのである。

村の東はずれを東武鉄道の東上線が南北に走っ

ている。二人は、そのガード下をくぐった。そこから先には普通の民家はない。一面の田んぼだった。彼らは田んぼの中の道を小走りに駆けた。道はほどなく東松山の市街と坂戸町方面とを結ぶ往還にぶつかる。こんにちの国道４０７号である。彼らは往還を渡ったところで越辺川の土手に上がった。高低差にとぼしい荒川の支流の水面が、晩秋の日の下でにぶく光っていた。

川のこちら側に二つの小屋が見えた。なんて奇妙な小屋だろう。澄子は目にするたびに、そう思う。それは、まるで古代人の住まいであった。その小屋は民家の屋根の形をしていた。茅葺き屋根だけを、じかに地面に置いたような格好をしていた。彼女はしかし、その屋根が本当に茅で葺かれているのかどうか知らなかった。間近で、しげしげと眺めたことはなかったからだ。彼女にかぎらず、村人たちはだれも、その小屋へ近づこうとしなかったのである。

近在の村人は、この小屋の住民を「箕直《みなお》し」と呼んでいた。農具の箕の修繕を生業としていたからである。彼らのことを「おもらいさん」と呼ぶ人もいた。彼らは、とくに箕直しの注文が少なくなる冬のあいだ、周辺の家々を回って物乞いをすることがあったのだった。

坂口澄子は、ときどき彼らに米や餅や、お寺への供物《くもつ》を与えていた。また、越辺川に水が出て小屋が建っている川岸が水没した折りには、彼らの求めに応じて境内の観音堂を宿所として提供したこともあった。そういういきさつがあったから、この日、菊恵が仲間の死を、まず澄子に知らせることになったのである。

斉藤菊恵は足が悪かった。片足を引きずるようにして歩いていた。彼女は澄子の前に立ち、かすかに体を左右に揺らしつつ土手の斜面を降りていく。彼女が向かったのは川辺に近い方の小屋であった。

その小屋のわきにはアカシアの巨木がそびえていた。

木の下に七、八人の男女がたむろして、こちらへ顔を向けていた。大人も子供もいた。澄子は恐るおそる、そのそばへ近づいていった。みな顔は見知っていたけれど、決して親しいといった仲ではない。こうして相手の領分深く足を踏み入れてみると、お寺で好意の施しをするときとは、まるで違う感じがするのだった。

澄子は、いちばん年かさの男から小屋の中へ入るように促された。その折り、どんな言葉をかけられたものか、もう思い出せない。とにかく彼女は背をかがめて入り口をくぐった。

中は六畳ほどの広さがあった。屋根というか、斜めに立った壁というか、その内張りは篠竹をいく重にも刺し連ねて作っていた。

手前に炉が切ってある。その向こうは地面より、いくぶん高くなっており、そこにぼろ布や、ほころびた毛布が乱雑に広げてあった。家具といえるほどのものは見当たらない。柄のとれた鍋や欠け茶椀がいくつか、そこらへんに転がっているだけだった。

毛布の端から紙のように白い顔がのぞいていた。やせた、手の平にでも乗りそうなくらい小さな顔であった。それは澄子にも見おぼえのある顔だった。名前は、たしか松島ヒロといったはずである。本人から聞いたわけではないが、村のだれかが、そう言っていたのを耳にしたことがあった。

澄子は遺体を前にしたとき、かえって気分が落ち着いた。彼女は、この種の対面には、ほかの人たちよりずっと慣れていた。結婚前には東京・神田の和泉橋慈善病院で看護婦をしており、そのあと嫁いできた先が寺院であったからだ。

松島ヒロ（『サンカ社会の研究』現代書館刊から）

澄子は毛布をめくってみた。脈はとるまでもなかった。遺体は、すでに硬直が進んでいたのだ。慌てて医者を呼んでみても仕方ないことは、はっきりしていた。

彼女は小屋の外へ出て、その場にいた人びとにおくやみを述べた。それから、

「このままじゃ、しようがないわねえ」

と告げたことをおぼえている。

松島ヒロの遺体を検視したのは、小屋から北へ二キロほどの東松山市高坂八九四で内科医院を開業していた松崎正宣《まさのぶ》であった。松崎医師が死亡診断書に彼

女の死因をどう記したのか、いまとなってはちょっと確かめようがない。しかし、ヒロの子供たちやヒロをよく知る人びとは、みな彼女が乳がんで死んだと言っている。

ヒロは何年ものあいだ左乳房の腫瘍に苦しんでいた。乳房が腫れて「熟れたトマトのような」色になっていた。だが彼女は病院へは一度も行ったことがない。それはヒロにかぎらない。彼女の夫も子供たちも病院を訪ねるということは決してなかった。それには金銭上の理由もあったことだろう。しかし、それだけではなかった。どんな病気になろうと、どんなけがをしようと医者にはかからない、それがこの人たちの生き方であった。

ヒロは戸籍に載っているだけで九人（全部で、たぶん十人）の子を産んでいるが、すべて自分でへその緒を切っている。長男の始《はじめ》が都幾《とき》川の河原で遊んでいて右目に篠の切っ先が突き刺さったときも、これといった治療はしなかった。

彼らが箕《み》の製作や修繕に使っていた道具の一つに芯通《しんとお》しというものがあった。手裏剣に似た鋭い刃物である。

ヒロは乳房がぱんぱんに腫れてくるたびに、それを乳房に突き刺しては膿《うみ》の混じった血をしぼり出していた。傷口には、彼女がほとんど毎日のように飲んでいた焼酎を口にふくんで、吹きかけるのだった。それが彼女の消毒法であった。

わたしは、この話を彼女のまわりにいた村人たちから初めて耳にしたとき、偏見と背中合わせの伝説の一種だろうと受け取っていた。だが、それは誤りだった。のちに彼女の子供たちが、その折りの

東松山市の高済寺。松島ヒロと久保田辰三郎は、この寺の無縁墓地に土葬された。（平成14年５月22日）

様子をわたしに詳しく語ってくれたのだ。「熟れたトマトのような」という表現は、長男の口から出たものである。ヒロは死ぬ前の何カ月かは、数日ごとに芯通しを乳房に突き立てていた。吹き出してくるのは膿よりも血が多かったという。けれども、そんなことをしたところで病気は、どうなるものでもなかった。乳房は、またすぐ腫れてきた。夫の久保田辰三郎が、かち割りを買ってきてヒロの胸を冷やすこともあった。ヒロは気の強い、がまんづよい女性であったから泣き叫ぶことはなかったが、しばしば激痛に顔をゆがめていたのだった。

ヒロの遺体を納めるための棺《ひつぎ》は東松山市役所が用意した。遺族に、それを求めるだけの蓄えがないことがわかったからだ。棺を運ぶリヤカーは、田木の衛生委員がどこかから借りてきた。埋葬を引き受けたのは、松崎医院から二百メートルほど北東の曹洞宗高済寺である。当時この地方では、だれによらず土葬が普通であったから、そのまま墓地に向かえばよかった。

土葬用の棺は丸い風呂桶のような形の座棺であった。それを乗せたリヤカーは、ヒロの夫久保田辰三郎や長男の始、菊恵の夫斉藤登（仮名）らが引いた。あとに死者と菊恵の家族をはじめ慈眼寺住職の坂口賢海、田木の衛生委員、東松山署の警察官らがつづいた。ささやかな葬列は、沿道の住民のそれとない好奇の視線をあびながら、いま国道407号となっている往還を北へ向かって進んだ。河原から墓地までは三十分ほどの道のりだった。ヒロが埋葬されたのは、高済寺境内の東端に接した竹と雑木の林の中であった。そこが、この寺の無縁墓地になっていた。

松島始（ヒロの子供たちは、みな彼女の姓を名乗っていた）と斉藤登が土葬のための穴を掘り、同寺の住職井草光隆と慈眼寺の坂口賢海が、お経を読んだ。家族がありながら無縁墓地にしか入れなかった死者は、僧侶二人の読経によって送られたのである。残された者たちには、それがせめてもの慰めに思えるのだった。

戸籍謄本によると、ヒロは大正四年二月三日の生まれだから、およそ四十八年十カ月の生涯であった。

死亡時刻は推定午前二時三十分と記載されている。埼玉県東松山市大字毛塚字檜木五三二というのが小屋の建っていた場所の正式地名である。

松島ヒロの本籍地は東京市下谷《したや》区万年町二丁目六〇番地であった。上野駅の北東方向、現在の台東区北上野の一角である。むろん昔日の面影は、もうかけらも残っていないが、下谷万年町といえば昭和の初めごろまで四谷の鮫ケ橋、芝の新網町と並んで東京の「三大貧民窟」の一つとされていた町だった。

ヒロの母親は松島すてといった。戸籍の父親の欄は空白になっている。ヒロは、いわゆる私生児だったことになる。

すては昭和二年十二月にヒロを入籍している。ヒロは大正四年二月の生まれだから生後十二年余をへて、やっと戸籍を得たのである。生まれた子供を無籍のまま何年も放置しておくということは、ヒロ自身が九人の子に対してしたことでもあった。要するに彼女の母も彼女も戸籍などといったものには、いたって無頓着だったのである。

すてという女性について、わたしはどんな知識ももっていない。いつ、どこで、どのような境遇の下に生まれたかなどを含めて、いっさいわからない。孫たち―ヒロの子供たち―も同じことで、すての名前さえ知らない。

一方、すての内縁の夫については、わずかながら情報らしきものがある。三角寛《みすみかん》著『山窩物語』（昭和四十一年、読売新聞社。平成十二年に現代書館から復刻版）の一八六ページ以下に次のような記述が見える。

松島政吉というのは、昔下谷万年町二丁目五八番地に住んでいた箕直しで、警視庁の名探偵だった、大塚大索氏にかわいがられていた律義者である。もちろん、この政吉はもう生きていない。今は、その配下だった河野藤次郎、中川鶴吉などという関東の仲間にも鳴りひびいている箕直しが、そのあとをついでいる。

この政吉という男は、自分に不如意なことが起きると、「南西下北天下銭所」と書いた紙をとりだして拝みながら、これを逆読みにして、心を慰めて暮している男である。逆読みにすると、（所詮《しょせん》勝てん、来たか災難）という言葉になる。彼は、そういう男だったから、私の小説の載っている古雑誌は、いつも手にして読んでいた。

「わっちは、あれのつる（娘）だよ」

肩を持ちあげて、おヒロさんは大いに威ばった。自慢なのである。

「そんならお前さんは歴とした江戸ッ子だ。下谷万年町の生まれだもの」

と、私がいった。それがまた大いに気に入って、

「オッちゃん、俺のこと知ってるのけ。知ってる人なら、これから、おとッさんと呼ばせてもらいます」

おヒロさんはそういって、自在鉤のヤカンの下に薪《こだま》をおしくべた。

右の「おヒロさん」というのは松島ヒロのことである。

三角寛は昭和二十五年八月二十五日、NHKのアナウンサー藤倉修一らを埼玉県入間郡大井村（現在は大井町）の弁天池へ案内して、そのころNHKラジオで放送していた「社会探訪」という番組の取材に協力したことがあった。この文章は、その折りのいきさつを記したくだりの一部である。引用した三角とヒロのやり取りは、それ以前のことだが、三角は「随分古い話だ」と書いているだけで、

いつごろのことかはっきりしない。いずれにしても、三角はヒロの父親の名前を「松島政吉」として紹介している。

気づいたかぎりでのことだが、すての夫と思われる人物のことを記録した資料が、もう一つある。伊東清蔵著『昭和探偵秘帖』（昭和十六年、好文館書店）である。ただし、わたしはこの本を見ていない。朝倉喬司が「サンカのいる近代史　その三」（雑誌『マージナル』第七巻、平成三年、現代書館）で、警視庁の刑事だった伊東の著書の一部を引用しており、それが目に触れたのである。

東京市下谷区万年町生まれのサンカ、松島政次郎。松島は表面は箕直しを業としながら強窃盗を働いて前科二犯。性すこぶる強情で証拠品をつきつけられようが、顔前で共犯者が自白しようが、動ずるところもなく犯行を否認した。文字を識っていて小説を好み、ある事件の取り調べ中、懐中から「南西北《(ママ)》天下銭処」と書いた白紙が出てきた。刑事が意味をたずねると下から「所詮勝てん来たか災難」と読むのだといった。

朝倉の推測では、松島政次郎の事件の捜査には伊東自身もかかわっていたようだ。時期は大正元年八月以前のことらしい。

『山窩物語』の「松島政吉」と、『昭和探偵秘帖』の「松島政次郎」が同一人物であることは、まず疑いようがない。三角は対象人物の本名を隠そうとするとき、姓や名前の一部だけ変えるという方法を、ほかの著作でもよく用いている。この場合もたぶんそれで、政次郎がすての夫の本名だった可能性が強い。

松島ヒロは二度、結婚している。

初めは十六歳ごろであった。相手は父の仲間の箕直しで、名前を「ユウジ」といったが姓はわからない。その男性とのあいだに男、女、女の順で三人の子をもうけたあと、なんらかの理由で別れている。死別ではなく、いわば「離婚」に当たるものであった。しかし籍には入っていないから、結婚も離婚も法律上のものではなかった。

二度目の結婚は昭和十三年ごろ、二十三歳くらいのときであった。その相手が先にも名前の出た久保田辰三郎である。辰三郎は明治二十五年七月十日または同月十五日の生まれだから、ヒロより二十三歳ほど年長だった。

辰三郎には、それ以前に何度かの結婚歴があるようだが、詳しいことはわからない。とにかくヒロといっしょになる折りには独り身であり、ヒロは先夫とのあいだにできた女の子二人を連れて辰三郎との同棲生活を始めたのだった。

辰三郎とヒロ夫婦は昭和十五年から同三十二年にかけて男、女、男、女、男、男、女の順で七人の子をなしている。ヒロは四十八年余の生涯で、つごう十人の子を産んだのである（ほかに死産か夭折した子がいた、との話もある）。そのうち先夫とのあいだの長子を除く九人を、彼女は私生児として自分の籍に入れている。

これまで長男と記してきたのは、辰三郎を父親とする第一子のことであり、その子はヒロにとって二男に当たるが、以後も戸籍の記載にしたがって長男と書くことにしたい。

2　父親の死

久保田辰三郎は昭和四十四年十一月十三日、妻松島ヒロに六年おくれて死亡した。七十七歳だった。以前から胃を患って衰弱がはげしかったが、直接の死因は脳出血か心筋梗塞であったらしい。

当時、一家は越辺川の小屋ではなく、五百メートルほど下流の対岸、現坂戸市島田一〇四番地にあった農家の物置きに住んでいた。ヒロの死をきっかけにして河原での暮らしをやめていたのである。この移転の前に下のきょうだい四人は埼玉県羽生《はにゅう》市の施設へ入所していた。しかし彼らのうち年かさの二人は、間もなく施設を抜け出し、三男の方は以来こんにちまで生死が知れない。

辰三郎が死亡したとき同居していたのは長男と二男だけであった。二人は昼間、坂戸市紺屋《こうや》の瓦製造業者のところで働いていた。四キロほど離れた工場へ自転車で通っていたのだ。

長男の始によると、辰三郎は前日の夕、食事をしながら、いつものように日本酒を一合か二合ほど飲んだ。その酒は始が近所の酒屋で、はかり売りで買ってきたものだった。

「べつに、ふだんと変わったところはありませんでしたがね、朝、目が覚めたら冷たくなってましたよ」

始は、そう語っている。

辰三郎も高済寺の無縁墓地に土葬された。穴を掘ったのは始と二男の次郎（仮名）であった。

同寺に残されている過去帳の記載には、いくつかの奇妙な点がある。そこでは死者は「俗名堀口伊太郎、始父、箕修理業、昭和四十四年十一月十三日午前零時五分死亡、明治二十五年七月十五日生ま

久保田辰三郎、松島ヒロ夫婦の墓碑。昭和60年に子供たちが新たに建てた。（平成14年５月22日）

れ、七十七歳、住所埼玉県入間郡坂戸町紺屋、本籍栃木県足利郡御喰屋町島田」となっている。

疑問の第一は「堀口伊太郎」である。子供たちはみな、この名前を耳にしたことがないと言っている。二十年近く辰三郎のそばで暮らした前記、斉藤登（仮名）にしても同様である。わたしが調べた範囲でも、辰三郎がヒロといっしょになった昭和十年代の半ば以降、彼が堀口伊太郎を名乗っていた形跡はない。彼は久保田辰三郎とか「辰っつぁん」の名で呼ばれていた。

それでは堀口なる呼称は何か。一つ考えられるのは、彼がヒロとの結婚生活に入る前に使っていた名前ではないかということである。辰三郎と同じような生業の集団、いわば「移動箕作り」とでも呼べる人びとのあいだで、複数の名をなのっていた例は決して珍しくなかった。ただし辰三郎もそうであったという証拠らしきものを、わたしは何ひとつ見つけてはいない。

過去帳の記載からだと、堀口を戸籍名、久保田を通名と推測することもできないわけではない。だ

久保田辰三郎（『サンカ社会の研究』から）

が、それはたぶんないと思う。辰三郎が生涯、無籍であったことは、まずまちがいないところで、彼にはそもそも戸籍名などなかった可能性が強い。これからおいおい、その事例を挙げるつもりだが、彼のまわりにいた集団を含め移動箕作りの中には、一生あるいは人生の大半を無籍で過ごした人びとが少なくなかったのである。

そうなると、こんどは本籍の栃木県うんぬんが問題になってくる。が、その前に住所と生年月日について話しておきたい。

辰三郎の死亡時の住所は、先にも触れたとおり入間郡坂戸町島田であった。それが過去帳では坂戸町紺屋となっている理由ははっきりしないが、この紺屋というのは息子たちが勤めていた瓦工場の所在地であり、だれかの勘違いで両者の混同が起きたのではないか。また、辰三郎の生年月日はヒロが死んださいには明治二十五年七月十日と届けられているのに、六年後には「七月十五日」と、少しずれた日付けが記されている。これも、なぜなのかわからない。

過去帳で辰三郎の本籍とされている栃木県足利郡御喰屋町島田は、正しくは御厨《みくりや》町島田（現足利市島田町）である。平成十四年の六月、わたしは始といっしょに、この地を訪ねている。しかし辰三郎の出自について、どんな手がかりも得ることはできなかった。始は、こんなところへは来たことがなく、話に聞いたこともないというのである。島田町は足利の市街地から南へ四キロほどの田園地帯で現在、四百戸もの家があり、番地でもわかっているならともかく、生きていれば百十歳くらいになる「久保田辰三郎」あるいは「堀口伊太郎」の名前だけで、その消息を知る人をさがそうとしてみても見つかるはずもないのだった。

過去帳の不審は、まだある。そこに記帳した人物が高済寺の当時の住職、井草光隆だったことは当然だとしても、その内容を住職に伝えたのがだれかがはっきりしないのである。子供たちではない。彼らの中には、すでに述べたように「堀口伊太郎」の名を知る者は、いないからだ。斉藤登でもない。彼もまた、堀口の名前も、その本籍も耳にしたことがないと言っている。

結局、考えられるのは情報提供者が警察ではなかったか、ということである。とはいえ、前科、前歴の記録である身分帳のような、きっちりした資料によってはいないと思う。もし、そうであったなら「御厨」を「御喰屋」としたり、その下に番地を記していないのはおかしい。これはたぶん、いわゆる戸口調査の記録にもとづいているのではないか。越辺川の河原にいたころ警察官が小屋へやってきて、いろいろ質問をした。それに対する辰三郎の答えが、過去帳の記載になって残ったとみるのが、もっとも自然なような気がする。

辰三郎は、おそらく御厨に土地勘があったのだろう。若いじぶん（ヒロと結婚する前）そこで暮らしたことがあったかもしれない。無籍だった彼は、訪ねてきた警察官に本籍を訊かれ、苦しまぎれに、かつて住んでいたか、少なくとも何度かは行ったことがある地名を口にしたのではなかったか。

辰三郎にはしかし、そことは全くべつに実家と呼んでいたところがあった。長男始は一度だけ、父とともにその土地を訪ねている。

「そこは深い山の中でした。だけどね、すぐそばを鉄道が走ってましたよ」

始が父親の実家へ行ったのは十歳くらいのときだという。そうだとすれば昭和二十五年ごろになる。彼は昭和十五年一月の生まれだった。

実家は栃木県だと聞かされたように記憶しているが、いま一つはっきりしない。群馬県であったかもしれず、ひょっとしたらもっと別の県のような気もするのだった。

彼らの一家は当時、埼玉県比企郡嵐山《らんざん》町菅谷に住んでいた。鎌倉時代の武将、畠山重忠の居城「菅《すが》谷館《ややかた》」跡の南側で、いま「ホタルの里」という公園になっている場所の真ん前あたりだ。そこの都幾川べりに、越辺川の河原にあったのと同じ篠竹の小屋を建てて冬のあいだは、もっぱらこの地で過ごしていたのである。

「おやじと俺はね、それぞれが自転車に乗って菅谷を出ましたよ。自転車で何日か走ったなあ。それから道のわきに自転車を置きましてね、歩いて山を越しました。ちっちゃな道で一日半くらいかかったかな。そのあいだに何度か野宿をしました」

久保田辰三郎（『山窩物語』現代書館刊から）

六十を過ぎた人間が半世紀ほども前の旅行を振り返っているのである。かかった日数については額面どおり受け取ってもいいものかどうか、わたしにはなんとも言えない。とにかく彼らが着いたところには小さな集落があった。

「たしか五、六軒ですよ、家があった。二十メートルばかり先を線路が通ってました。それから小さな川がありましたね」

村には茅葺きの農家風の家もあれば、始らが暮らしているような篠竹で作った小屋もあった。ただし、戸数について彼が述べるところは一定しない。「十軒くらい」とも「十何軒か」とも言ったりするのである。

村人たちは、みな箕を作っていた。それが仕事のようだった。実家には「おやじのお父さん」がいたが、ほかの家族のことはよくおぼえていない。当然のことながら、全体に思い出せることは少なく、それも聞くたびに内容が変わることがある。しかし、その中で一つだけ奇妙なほど鮮明で具体的な記憶があった。

「おやじの実家には、ろくろ（轆轤）がありました。おやじのお父さんに、これは何ですかって訊いたら、ろくろだって教えてくれたんです。そんなものは、それまで見たことありませんでした。丸い棒のようなものを紐で回すようになってました。棒の先には爪が付いてて、それにクルミやヤマザクラの木切れを刺してぐるぐる回転させるんですよ。回転させながら木切れを刃物で削るようになってました。そうやって作った茶椀とか皿とかが家に置いてあったんです。おやじのお父さんの話じゃ、生木のとき根っこの方に穴を開けておくと木の水分が取れるということでしたね。おやじのお父さんは初め、ろくろ師だったが、のちに箕作りになったって言ってましたよ」

この話に、わたしは強い印象を受けた。

ろくろ師は木地屋ともいい、ブナやトチ、ケヤキ、クルミなどの落葉樹から椀、皿、盆のような木地を製作する職業集団で、材料になる大木を求めて深山幽谷を転々とした人びとのことである。彼らの足跡の一端は、いまも各地におびただしく残る木地屋、木地小屋、轆轤師、六郎谷といった小地名によってもうかがえる。それらは、まず例外なく人里を遠く離れた険しい山中に散在している。

木地屋と、「サンカ」と呼ばれた人びととは、同じ移動生活者といっても移動の態様がまるで違う。生業が違い、使う道具が違い、生態も民俗も違う。全く別系統の集団だとする見解が一般的であろう。わたしも、そう思っている。しかし、双方にはなんらかのつながりがあり、連絡があったようなふし

少年のころの松島始（『サンカ社会の研究』から）

がある。部分的に重なり合うところがあったように見える。それはのちに述べるような事例からも推測できるのだが、始の記憶も、その裏付けの一つに挙げてよいと思う。

もっとも、この思い出を精密すぎると感じる向きは少なくあるまい。初老の男が、遠い少年の日の見聞を語ったにしては詳細すぎはしないかという疑問が、起きるかもしれない。むろん始は、ここで文章にしたように、よどみなくしゃべったわけではない。彼が思い出し思い出し、とつとつと話したことをまとめれば右のようになるということだが、それでも、これは書物から得た知識をまじえているのではないかと考える人がいても、おかしくはない。

けれども、それはない。始は文字の読み書きができないからだ。始だけではない。辰三郎もヒロも、そうであった。夫婦の九人の子のうち、羽生市の施設で義務教育を終えた、いちばん下の二人を除けば、みな目に一丁字もなかった（あるいは、ない）のである。

こんにち、ろくろという道具が、じっさいに使われているところを見たことがある者は、ごく少ないことだろう。ろくろがどんなものか説明できる人間も多くはないに違いない。それができる人にしても、おおかたは書物から知識を得たのではないだろうか。

しかし始は父の実家で、たしかにろくろを目にしたのだ。その珍しい道具に、とくに子供のころだれにもありがちの異常な興味を覚え、深く記憶にとどめたのである。ろくろの構造について始の語るところは、細部にわたってろくろの特徴をよく伝えている。当時、おそらく八十前後になっていたと思われる祖父が、木地屋から箕作りに生業を替えたという話も、たぶんまちがいではあるまい。

栃木県足利市島田町は、田園地帯だとはいえ都市化の波がすぐそばにまで迫っており、町の北方を東西に走る国道50号のバイパスは交通が激しい。中世末期まで渡良瀬川の流路だった矢場川北岸に沿って立地していて、高い山どころか、丘ひとつない。始がろくろを見たという山深い村とは、およそかけはなれた景観の、あかるく開けた平坦地である。ここが、辰三郎の「実家」があった場所でないことは、はっきりしている。

それでは実家は、どこにあったのか。わたしはそれが知りたくてずっと気にかけているのだが、これが全くわからない。

始が口にした「栃木県」「深い山の中」「鉄道のそば」「小さな川」などの言葉をつなぎ合わせたら、例えば、かつての国鉄足尾線、いま「わたらせ渓谷鉄道」という名前になった路線の足尾駅から渡良瀬川沿いに四キロほど下った原、唐風呂《からぶろ》といった小集落の対岸あたり（山腹から薙《なぎ》ノ沢という渓流が渡良瀬川へ落ち込んでいる）が、いちおう浮かんでくる。わたしは始とともにここを訪ねているが、違っていた。ほかにも二、三、ひとりで行ってみたところがある。どれも、ぴったりこなかった。地図は折りにふれ眺めている。条件に合いそうな土地は、なかなか見つからない。県名も確かではなく、方角と距離もはっきりしないのだから、始の話だけでは、特定はもともと無理なのだ。

辰三郎の「実家」「出身地」「子供のころいた場所」については、これとは別にいくつかの異なった証言がある。

・「お父さんは若いころ埼玉県の秩父で修業したと聞いている」（三女、昭和十八年一月生まれ）
・「父の出身地は群馬県の藤岡ではないか」（四男、昭和三十一年三月生まれ）
・「辰っつぁんは埼玉県寄居町の出身だとヒロさんが言っていた」（東松山市上押垂《かみおしだれ》の農家の主婦、大正十年生まれ。ヒロや子供たちととても親しくしていた）

などである。

これらの話は、始の記憶以上に具体性を欠いていて、ちょっと確かめようがない。

松島ヒロの死を慈眼寺の坂口澄子に伝えた斉藤菊恵の夫、登は普通社会の出で、よくものののわかった人物である。読み書きも、むろん達者だ。この人は断続的に二十年近くも辰三郎らといっしょに暮らしている。その斉藤にしても、辰三郎の出身地がどこか全く知らないのである。

「おやじ（辰三郎）は生粋のサンカだったと思いますよ。わたしらのグループの親分でした。無口で、おとなしい男でしたねえ。自分の生い立ちについてしゃべるなんてことは、全くありませんでした。だからわたしには、おやじがどこで生まれたのか、どこで子供時代を過ごしたのか、わたしが知り合う前は、どんなふうにして暮らしてたのか、ぜんぜんわからないんですよ。こちらから訊いたことですか、ありません。だいたいが、あの社会では仲間のせんさくはしない、これが仁義のようになってましたからな。ましてや、向こうは親分なのに、わたしはぺえぺえでしたからね、そんなこと失礼で訊けたもんじゃないですよ」

斉藤は、そう話している。

3　三女の結婚

久保田辰三郎と松島ヒロの一家は昭和十年代の半ばごろ、埼玉県大里郡吉見村大字小八林《こやつばやし》（現大里郡大里町）の木賃宿に住んでいた。

彼らの生業は箕作りと箕直しであり、顧客を求めて広い範囲を移り歩かなければならず、一つところにじっとしていては生きていけない。それにもかかわらず、ある期間、彼らがささやかとはいえ宿賃を払って木賃宿を仮の住まいとしたのは、なによりも戦争のせいであったと思われる。日本は、昭和十二年七月から中国との長い戦争へ突き進んでいたが、十六年十二月には米、英、オランダをはじめとする連合国を敵軍に加え、国民生活は日ごとに窮屈さを増していた。そういう戦時下にあって河原の小屋や神社の軒下などを転々とする漂浪生活は、それ以前にくらべて著しく、むつかしくなっていたのである。一家は、いわば一時的な定住を余儀なくされたのだった。

その木賃宿はトタン葺きの二階建てで、日光裏街道に面していた。上下合わせて七つか八つほどの部屋があり、家族連れもいれば独身者も住んでいた。木賃宿だから当然、客の入れ替わりはあるが、戦況がきびしくなるにつれ多くは宿に居ついて動かず、いわば自分まかないの下宿のようになっていた。そこには辰三郎らのほかに、箕作りが少なくとも、もう二組いた。「コウ」という名の女性と、その子供三人、および「タツ」という女性と子供二人の二家族であった。住人たちは、お互いを符丁で呼び合っていた。「東京さん」とか「坂戸（埼玉県）さん」とか地名のことが多かったという。

辰三郎らは、たいていの場合、一階の西の端、道路からいちばん遠い部屋を借りていた。そこは家族持ちのための部屋として使われていた。

当時、宿の西隣に住んでいた福田イチ（昭和三年生まれ）は、辰三郎やヒロらのことをよくおぼえている。「辰っつぁん」は、そのころの男としては体格はよい方で、ごくおとなしい人間だった。ヒロは逆に威勢のいい、にぎやかな女性であった。酒好きで、酔うと上半身はだかになり、妊娠中の大きな腹を丸出しにしたまま、あお向けに引っくり返って、たんかを切ったりした。それを見て、まわりの人たちは、

「ああ、またヒロさんが酔っぱらってるよ」

と笑い合うのだった。

小八林は一家の戸籍にとって大きな意味をもつ土地であった。ヒロは昭和十八年二月、ここを出生地として長女（昭和九年十一月生まれ）、二女（同十二年九月）、長男（同十五年一月）、三女（同十八年一月）の四人の子をいっぺんに自分の籍へ入れたのである。子供たちは、それまでは無籍だった。むろん学校へはやっていない。それは籍を得たあとでも変わらなかった。

入籍のきっかけは、たぶん三女の誕生であったろう。ヒロは昭和十八年一月三十日に三女を産み、その翌月二十七日に四人の子の出生を吉見村長へ届けているからである。

しかし、その背景には戦時下の食糧難という事情があった。前年の二月に食糧管理法が公布され、米麦その他の供出制度が発足していた。政府による主要食糧の強制買上げ制度の下にあって、生産者の農民でさえ日々の食いぶちに窮するようになっていたのである。寸土の耕地も持たず、資産といえるものは何もなく、国家権力に背を向けつづけて生きてきた移動箕作りたちが、飢えに直面せずにいられるはずはなかった。違法行為によらず空腹をしのごうとすれば配給に頼るしかない。だが無籍では、それもかなわないのである。

この時代、配給制度の発足をきっかけにして戸籍を得ることになった移動箕作りは、かなりいたようだ。前述のタツの一家も、そうであった。彼らは福田イチの父、繁造（昭和四十二年に六十三歳で死亡）の尽力で、福田家の住所を本籍にして戸籍を作っている。繁造は、タツらから箕作りを習い、自分もちゃんとした箕作り人になった人である。繁造は、

「役所の人間は、とにかく田んぼのくろ（畔《あぜ》のこと）でもいい、どこかを本籍にして戸籍を作らないと配給はできない、と言うんだが、あの連中は、それでもなかなか籍を作ろうとしない。生まれがどこかもしゃべらない」

そうイチに話していたという。

おおかたの者が配給食糧を命綱のようにして生きていた当時にあっても、辰三郎は、なお無籍者であることをやめていない。その理由については必ずしもはっきりしないが、たぶん彼は生粋の転場者《てんばもの》

少年時代の松島次郎（『サンカ社会の研究』から）

（移動箕作りを、こう呼ぶ地方はかなり多い）とはそういうものだと考えており、いま戦争のただ中にあるからといって従来の生き方を急に変えるだけの必要性を覚えなかったのではないか。いや、じっさいはそんなかまえた決意などはなく、ただ面倒なだけであったのかもしれない。戦時中も無籍を通した移動箕作りは、彼のまわりにはほかにもいた。その一人、八幡《やはた》隆則《たかのり》のことは、このあと語ることにしたい。

辰三郎の一家が戦後まず住んだのは、埼玉県比企郡吉見村（現吉見町）の「吉見百穴《ひゃくあな》」であった。そこは木賃宿があった小八林からは南方へ四キロほど離れ、のちにヒロの終焉の地となる東松山市毛塚のおよそ六キロ北方に位置している。

吉見百穴は古墳時代後期の横穴墓群の跡である。吉見丘陵の南西斜面に防空壕のような穴が、実測ずみのものだけで二百二十ほどもうがたれ、江戸時代から「天狗のかくれ家」「松山城の兵器庫」などの伝承とともに知られていた。遠く望むと、巨大な蜂の巣のような特異な景観を呈し、明治時代の発掘調査と戦後の実測調査をへて、現在は入場料を取る観光地になっている。

百穴がある、その斜面のいちばん下に、太平洋戦争中、軍が何本かのトンネルのような洞窟を掘った。地下工場を作ろうとしたのだ。しかし敗戦によって工事は放棄され、あとに洞窟だけが残った。一家が暮らしていたのは、そのうちの一つで、いま国の天然記念物に指定されているヒカリゴケが自生する横穴のわきにあった（いまもある）。

その洞窟だけで、ぜんぶで三十人ほどの移動箕作りや「おもらいさん」や職業不明の者たちが住んでいた。彼らは、それぞれの場所に棒などを立て、そこに莚《むしろ》を掛けて小屋のようにしてあった。辰三郎らの居住区は広さが六畳くらいで、中に莚を敷き、寝るときは別の莚をかぶって寝ていた。布団は持っていなかったのである。ご飯の煮炊きは洞窟の中でした。石を積んで、かまどを作ってあったのだった。

一家は、ここに昭和二十五年ごろまでいた。引き払ったいちばんの理由は、墓群の保存と再調査を前にして「浮浪者狩り」が行われたからである。

辰三郎は家族を連れ、百穴から西へ九キロほど離れた比企郡嵐山町菅谷の都幾川べりに「セブリ」（彼らは自分たちの住まいを、こう呼んでいた）を移した。そこへは、ほかの移動箕作りたちも何組かついてきた。大島太郎の一家、梅田留吉と川田イシ夫婦、小川作次と新井ふみ夫婦、斉藤登らである。彼らは、いま「ホタルの里」公園となっている付近に分散して篠竹の小屋を作って暮らしていた。

一部は、のちに板作りの小屋を構えることになる。辰三郎が、この集団の指導者といった地位にあり、ほかの者たちは彼を「ヤゾウ」と呼んでいた。

辰三郎にしろ、だれにしろ一年を通じてずっと百穴や菅谷の河原に住んでいたわけではない。そこは冬のあいだだけの棲みかであった。春から秋にかけては、あちこちを移り歩いて生業である箕《み》の修繕と製造・販売に当たっていたのである。その折り彼らが寝起きしたのは、河原や山すそに設けた篠竹の小屋、寺社のお堂の軒下や床下、横穴墓や墳丘式古墳の石室……など、さまざまだった。辰三郎一家の移動範囲は、第二次大戦後にかぎっていえば、主に埼玉県中部地方の荒川支流域を中心にした東西数十キロ、南北数十キロに及んでいた。セブリを張った場所は「百何十カ所か」（長男始の話）に達していた。具体的な地名や、そこでの暮らしぶりについては第二章「武蔵サンカの生態と民俗」の項に譲りたい。

辰三郎とヒロが一家の生活の拠点を百穴から菅谷へ移した昭和二十五年ごろ、夫婦の子供は女、女（ともにヒロと先夫とのあいだの子。戸籍に入っていないヒロの長子＝男は除いてある）、男、女、男、女、男の七人に増えていた。子供たちは、みなヒロの戸籍に入っているが、届け出の出生日については、どこまで信用していいものか、なんともいえない。極端な例は、この時点での末子、七番目の男児である。この子は昭和二十四年末か同二十五年初めごろには誕生していた揺るぎない証拠があるが、戸籍上は同二十七年二月生まれとなっている。また、第六子の女は同二十二年八月に届け出ているのに、第五子の男の届けは、その十七年後だった。要するに、この人たちは戸籍などといったものには、ほとんど関心がなかったのだ。

松島アヤ子と弟や妹たち（『サンカ社会の研究』から）

一家が菅谷へ移るまでに、長女のアヤ子は家族とは別に暮らしはじめていた。彼女は昭和九年生まれとされているから、十六歳ごろにはセブリを出ていたことになる。

アヤ子はスタイルのいい、美貌の少女だった。それは残っている写真にもうかがえるし、彼女を見たことのある人たちが、ひとしく口をそろえるところでもある。

アヤ子は両親のもとを離れたあと埼玉県川越市や、その近辺の飲食店で働いていたようだ。当時「女給」といっていた仕事を五年ほどつづけ、二十歳のとき結婚している。相手は中野芳太郎（仮名）といい、彼女より四つ年上だった。中野は、いくつかの事実から判断して、移動箕作りの社会とあるつながりがあったように思えるが、はっきりしたことはわからない。

翌年、二人のあいだに男児が誕生する。けれども親子三人の暮らしは長くはつづかなかった。アヤ子が、ほかの男と出奔したからである。芳太郎は、いったん彼女を連れ戻したものの、妻は再び行方をくらまし、結局、芳太郎はそれを悲観して幼い子を道連れに父子心中をしてしまう。昭和三十年代初めのことだが、詳しい日付けを記すことは差しひかえたい。それからざっと半世紀、アヤ子は今に至るも生死不明のままである。

二女タマ子も美しい少女だった。

彼女は、『サンカ社会の研究』（昭和四十年、母念寺出版。平成十三年に現代書館から復刻版）の著者、三角寛が東京・池袋で経営していた映画館「人世坐」で働いていたことがある。弟の始、妹の初子、前出の斉藤登もいっしょだった。昭和三十年代半ばの数年間のことだ。彼女は二十代前半くらいの年齢であった。その後、川越市内の食堂に勤めていたとき山崎悟《さとる》（仮名）という男性と知り合い、昭和四十二年に結婚届けを出している。二十九歳になっていた。

悟とタマ子は、それ以来ずっと川越市で暮らした。三つ年長の夫は、ある大手メーカーの工場に勤めるサラリーマンだった。結婚後、悟はタマ子一族の後見人のような役目を果たしていくことになる。すでにヒロは亡く、辰三郎は七十代半ばという年齢もさることながら、箕の仕事は注文が著しく減り、ほとんど収入がなくなっていた。

夫婦のあいだには一男一女が生まれ、親子四人は、これといって変わったところのない生活を送った。ほかの家庭といくぶん違う点があったとすれば、母親が識字能力を欠いていたことくらいだった。おおむね平穏な日々ののち、タマ子は平成一年一月に五十一歳で、悟は同十一年七月に六十五歳で、近ごろとしては平均よりだいぶん短い生涯を終えた。妻は脳出血、夫は多臓器のがんであった。

赤沼邦海、初子夫婦。東松山市材木町の自宅前で。（平成14年10月９日）

辰三郎とヒロ夫婦の三女、初子は昭和十八年一月の生まれである。出生地が小八林の木賃宿であったことは、まずまちがいない。

初子は先にも触れたとおり、昭和三十年代半ばの数年間、三角寛の「人世坐」で働いていた。館内の掃除や、客にお茶を出したりすることが主な仕事だった。十代後半ごろのことである。そのあと栃木県と埼玉県の「飲み屋」（本人の言葉）に、合わせて十年ほど住み込みで勤めた。

昭和四十七年、埼玉県熊谷市の飲み屋にいたとき、かつて母のヒロと何度か遊びにいったことがある東松山市材木町の赤沼ヤス宅を訪ね、そこで十何年かぶりにヤスの長男、邦海《くにうみ》と再会する。ヒロとヤスとは古い付き合いであり、その縁で初子も幼いじぶんから邦海を知っていた。二人は交際を始め、ほどなく同居生活に入る。初子が二十九歳、邦海が三十六歳のころで、この二年ばかりのちに初子は入籍している。初子は初婚、邦海は六度目の結婚だった。

二人がいっしょに暮らすことになった材木町の家は、おそらく大正時代か昭和一けたのころに建てられた木造、トタン葺きの古い平屋だった。三畳と四畳半の部屋が合わせて四つあったが、一つは素人があとで継ぎ足したものだった。

この家の、もともとの住人は石田定次（仮名）といった。石田は刃物の研ぎ屋を仕事にしていた。体の大きな、酒癖の悪い男で、近所の人びとから嫌われもし、恐れられてもいた。終戦後まだ間もないころ、その石田と、当時、近くの本町《ほんちょう》一丁目に住んでいたヤスとが内縁の夫婦になる。ヤスは、先夫とのあいだにできた一人息子の邦海、養女の夕子《ゆうこ》（仮名）、母のカネを本町の家に残して石田のところで暮らすことになった。

ヤスは不思議な女性であった。交友範囲がとても広く、材木町の家を訪ねてくる人たちが絶えなかったのである。松島ヒロも、その一人だった。客の中には移動箕作りや蛇捕りや洋傘直しや鋳掛屋など、いっぷう変わった生業の人間が少なくなかった。ヤスと彼らとのつながりがどういう縁によるものか、邦海には、いまもよくわからない。ただ想像できることは、それはヤスの最初の夫、邦海の実父を通じてできた付き合いではないかということだ。邦海は幼いころ実父に何度か会ったことがあるが、いまではその顔も思い出せず、名前も知らない。邦海はヤスの私生児であり、ヤスは祖母カネの私生児であった。実父のことを戸籍で調べることも、できないのである。

ヤスは石田の死後、材木町の家へ三人目の夫、荒木昇一（仮名）を迎える。ヤスと石田のあいだには子供がなかったので、べつに支障が出ることはなかった。それは昭和三十年代半ばごろのことと思われ、ヤスも荒木も五十すぎの年齢であった。

荒木は多芸の人だった。いちばん長くしていた仕事は洋傘直しと刃物研ぎであった。かたわら比企郡滑川町福田の火葬場で遺体を焼く仕事もしていた。先方から連絡が入ると、出かけていたのである。川越市にあった地方回りの芝居一座「丸一太神楽《だいかぐら》」の座員だったこともある。邦海の言葉によれば、「芝居師」ということになる。葬儀店の手伝いもしていたし、ちんどん屋もやっていた。どこからか板切れなどを集めてきて、材木町の家に四畳ほどの部屋を一つ建て増したのも荒木である。荒木は昭和四十七年七月に病死した。六十五歳であった。

その次にヤスと同居したのは八幡隆則《たかのり》である。ヤスはすでにほとんど失明していた。白内障だったらしい。

隆則は、それまで吉見百穴にいた。百穴はこのころにはもう柵をめぐらした観光地になっていたが、いちばん上の方の目立たない横穴で寝起きしていたのだ。彼は、もともとは移動箕作りであった。だから、サンカ研究者たちが「ウメアイ」あるいは「ウメガイ」と呼び、サンカのシンボルだと指摘する両刃《もろば》の短剣を持っていた。腰に巻いたバンドに刃物の鞘を三つか四つ吊るし、そこに箕作り用の工具を差していたが、その一本がウメアイだったのである。

昭和四十七年、初子が材木町の家を訪れたとき、邦海の母といっしょに暮らしていたのが八幡隆則だった。初子も子供のころ百穴にいたから隆則の顔は知っていた。

「あれ、タカさん、こんなところにいたの」

その後、舅と嫁という関係になる二人は、二十余年ぶりに旧交をあたためたのだった。

当時、隆則は七十歳近かったらしい。無籍であった。出生地や正確な年齢は本人にも、わからなかった。隆則は、まわりの人びとの尽力で、材木町のヤスの家を本籍として戸籍をとる。彼は、もうだいぶん前から定収入がなく、生活に窮しており、福祉の世話になるうえで戸籍が欠かせなかったのだ。隆則は、ほんの数年間の定住生活ののち、昭和五十一年二月二十日に脳出血で死去した。

ヤスの家には訪問客が多かっただけではない。いつも、だれかしら他人が同居していた。

須崎勝三と勝次（ともに仮名）親子も、そうした人びとの一組であった。勝次には妻と三人の子がいた。一族六人が昭和三十年代から四十年代にかけての十年以上も、この家で暮らしたのである。ヤス夫婦が二部屋を、須崎一家が二部屋を使っていた。

勝三は、このころテキヤをしていたが、もとは床屋であった。といっても、ふつうのそれではない。久保田辰三郎や八幡隆則らの集団とともにセブリを転々とする、流しの「毛剃り」だった。いっとき箕の修繕もしていたようだ。

蛇捕りの岸本一郎（仮名）も、家族といっしょに何カ月かヤスのところにいたことがある。一郎は、昭和十一年生まれの赤沼邦海より十歳ほど年長であった。東松山市街の北のはずれの菅原神社わきに小屋を建てて住んでいたころから、材木町の家にはよく出入りしていた。

一郎も、一郎の父親も、マムシやシマヘビなどの捕獲と販売を仕事にしていた。商売道具は、先が二又になった木の棒と、ずだ袋だった。獲物を見つけると、又木ではさみつけてから、親指と人さし指で首筋をつかんでは袋へ放り込む。捕った蛇は、そのまま仲買い人に売ることもあれば、粉末にして自分で小売りもやっていた。粉末というのは、蛇をからからに乾燥させたあと臼で搗《つ》きつぶして瓶詰めにしたものである。

邦海は、その粉末をときどきもらった。ふりかけのようにして、ご飯にかけて食べた。

「ちょっと生ぐさいような、草っぽい味がした」

という。そういう経験は、彼が昭和二十六年に中学校を卒業して、東松山の映画館「銀映」へ就職するころまでつづいた。当時、百穴の並びの岩粉山《いわこやま》から麓にかけては一帯の原野で、そこが岸本親子の仕事場になっていたのだった。

材木町の赤沼家には、年中いろんな人びとが集まっていた。みなヤスを訪ねてきたり、頼ってきていたのだ。そのヤスは平成六年十一月十日に死亡した。八十六歳であった。晩年の二十年ほどは完全に失明していた。

移動生活者たちの集会所といったおもむきの古い平屋は、平成十五年三月に取り壊された。

第二章　武蔵サンカの生態と民俗

1　住まいと移動範囲

この章では、主に埼玉県中部域で暮らしていた移動箕作りたちを「武蔵サンカ」と名づけ、その生態と民俗について紹介したい。ただし「サンカ」という言葉が、もともとこの地方の日常語として使われていた証拠はなく、ここでは一種の専門用語と受け取っておいてもらった方がよいだろう。

彼らは仮の住まいも、それを設ける場所も、ともに「セブリ」と呼んでいた。この言葉は古くから移動民の社会で広く使われていたらしく、「フセリ」（伏せり、臥せり）の語順を転倒させた転倒隠語であろうとする見解が通説となっている。

彼らはセブリの形式には全くこだわっていなかった。かくかくしかじかの場所に、しかじかの建て方をする、そういう決まりや、従わなければならない約束ごとなどはなかった。要するに、風雨、夜露をしのげさえすれば、どこであろうとかまわなかったのである。

セブリは、古代の横穴墓《おうけつぼ》跡のこともあれば、墳丘式古墳の石室のこともあった。ともに複数の事例が確認できている。もし近くに富士山麓の風穴《ふうけつ》のような自然の岩窟でもあったら、それも利用したことだろう。

寺社の堂内や軒下、床下は、しばしば彼らの仮のやどりとなった。管理する者がいれば当然、前もって断りをいれたろうが、無住の場合は無断で泊まることもあった。橋の下で寝起きすることも少なくなかった。

もちろん、自分たちで小屋を建てることもあった。河原や池のわき、山すそや林の中の清水が湧くところなどが選ばれた。小屋は、じつにさまざまだった。

埼玉県嵐山町菅谷の都幾川の河原で。「このくらいの石をたくさん焼いて、穴に貯めた水へ放り込んで風呂を沸かした」と説明する松島始（平成14年５月26日）

久保田辰三郎の一家は、篠竹と茅を厚く葺いた三角形やかまぼこ型の小屋に、よく住んだ。長男始によれば、ほんの何時間かで完成させたという。

梅田留吉はコンテナのような箱型のセブリを作り、小川作次のセブリは屋根と壁を備え、一般の民家に似ていた。そういう小屋には、どこからか調達してきた板や流木やトタンが使われていた。いうまでもなく、長く住んでいるほど造作は、だんだん本格的になり、滞在が短いときは、にわかごしらえになる。

木賃宿をセブリとすることもあった。辰三郎の一家が、いっとき埼玉県大里郡吉見村の木賃宿にいたことは第一章に述べた。そこは武蔵サンカのたまり場のようになっていて、ほかにも何組かが出入りしていたようだ。

天幕でセブルこともあった。ただし、それは、『サンカ社会の研究』の写真（本書四三ページ）に出ているようなものではない。このテントは、同書の著書、三角寛が撮影用に持参したものである。そのへんのいきさつは第六章で詳述したい。天幕は布を継ぎはぎして作っていた。

斉藤登（仮名）は実物を目にしたことはないが、「ぼろ布をつなぎ合わせたテントを二重にして張るのが正式のセブリだった」という話を、彼より年配だった仲間から聞いている。

平成十四年三月に、わたしが東松山市下唐子《しもがらこ》で聞き取りをした昭和三年生まれ（当時七十三歳）の女性は、

「都幾川の北岸にクズリサマ（九頭竜様）という小さな祠《ほこら》があるが、そのわきでミナオシの一家がテントを張っているのを何度か見たことがある。テントといっても、うすい布団のような布を棒にかぶせただけのものだった」

と言っていた。女性が、その天幕を目撃したのは小学校への行き帰りだったというから、昭和十年代の半ばごろまでのことであろう。

昭和二十四年に武蔵サンカといっしょに暮らしはじめた斉藤が天幕を見ていないこと、同十五年生

昭和25年当時の弁天沼のセブリ。白いかぶりものをした男は三角寛（『サンカの社会資料編』現代書館刊から）

まれの始に天幕生活の記憶がないこと、彼らの移動範囲内の現在の住民で小屋を目撃した者はいくらでもいるのに、テントを目にした例が著しく少ないことなどから、武蔵サンカが天幕を使っていたのは太平洋戦争前までのことであったと思われる。

布で作ったテントが存在したかについて、わたしは長いこと疑問を感じていた。それで本当に雨をふせげるような気がしなかったからだ。しかし布のテントはたしかにあったたし、雨をしのぐこともできたのである。げんに使った経験をもつ箕作りが栃木県にいて、十分に信用できる証言をしている。彼らは、そのセブリを「テンパリ」と呼んでいて、それを「急張り」（彼らの言葉）にすれば、雨が漏ることはなかったという。この人たちのことは、第四章で詳しく語ることにしたい。

武蔵サンカの移動生活には拠点になるセブリがあった。正月をはさんだ数カ月は、だいたいそこで過ごす。そうして農民が野良に出る季節になると、そこを出て数日ないしは一、二カ月ごとに、あちこちのセブリを転々としながら新箕を売り、傷んだ箕の修繕をして、秋が深まれば、もとの拠点へ戻ったのである。

それは農閑期には仕事がうんと減るからだ。回ってみたところで注文がほとんどないため、近隣住民となれしたしんだ土地で冬場をしのぐのである。その折り古くは門付け芸へも出たようだが、始らが子供のころには、すでにそういうことはほぼなくなっていた。彼らは窮したときは物乞いに頼らねばならなかった。どの農家が同情的で気前がよいか、どこがそうでないかきっちりと把握していた。

彼らが戦後まず拠点にしたのは、第一章でも触れたように、埼玉県比企郡吉見町の「吉見百穴《ひゃくあな》」であった。しかし、おそらく「浮浪者狩り」が原因で、彼らのおおかたはここを去り、辰三郎ら六、七家族は同郡嵐山町菅谷の都幾川の河原へ拠点を移した。昭和二十年代の半ば、たぶん二十五年ごろのことだ。

それからの十年ほどが、この集団が移動箕作りとして生きた最後の時期で、そのあとは急速に分散、定住あるいは零落へと向かう。箕の需要が年ごとに減って、何百年もつづいてきた生業で暮らしを立てていくことができなくなったからである。むろん落日の光景を、どうにもしがたい気持ちで見やりつつ死んでいった者もいた。

彼らがセブリの生活をしていたのは昭和四十年ごろまでであったと思われる。そのあいだのセブリ場は百を軽く越すくらいあった。代表的なところとして次のような地名を挙げることができる。すべて埼玉県である。

(1)入間郡大井町大井の弁天沼　いまは一帯が「弁天の森」という、かなり広い公園になっている。昭和二、三十年代には、その一角にこんこんと清水の湧く沼があった。ここの弁天さまの御籠堂《おこもりどう》と、そのまわりで何組もの移動箕作りが寝起きしていた。彼らは、ここから家族ごとに各方向へ散って注文を取って歩き、夕方には戻ってきた。そのまま何日か別の場所をセブリにして仕事をする者もいた。東京の池袋から二十五キロほどしか離れていない。

(2)狭山市上広瀬の入間川左岸　入間川にかかる豊水橋《ほうすい》北詰めのすぐ下流側である。ヤナギの一種らしい古木が、いまも横に広く枝を張って夏でも涼しい木陰をつくっている。目の前に堰堤があり、その落ち込みに昔は大きなマルタが群れをなして泳いでいたという。狭山は茶の産地で、新茶の季節によく来た。

この一キロほど上流の同市笹井の河原も、なじみのセブリ場だった。その近くの左岸は高さ十数メートルの切り立った崖になっている。昭和二十年代か三十年代に、ここで仲間の女性が崖から下の入間川へ身を投げて自死したことがあったという。

(3)東松山市毛塚の越辺川《おっぺ》左岸　国道407号の高坂橋から下流へ二百メートルほどの土手の下である。地番は毛塚だが、同市田木の集落が最も近く、始たちは「田木の河原」と呼んでいた。第一章に記したように松島ヒロは、ここで死去した。また戸籍では、ここが彼女の二男、三男、四男、五女の出生地となっている。箕の仕事が衰退に向かいはじめた昭和三十年代の半ばごろからは、この地で過ごすことが多くなっていたようだ。一キロばかり上流の高麗川《こま》との合流点付近もセブリ場だった。

(4)東松山市上押垂《かみおしだれ》の都幾川の河原　都幾川はかつて、国道407号東松山橋のあたりで大きく蛇行しており、その左岸（現在は河川改修で新都幾川の右岸になった）にあった氷川神社のわきでも、よくセブリを張っていた。ここにいたときヒロが酔って都幾川に転げ落ち、辰三郎が救い上げたことがあったという。

夫婦の長男始と四女美佐子（仮名）、美佐子の夫（後述する）の三人は、平成八年ごろから、この五百メートルくらい上流の河川敷に小屋を建てて暮らしていたが、同十一年秋、美佐子の夫が急死したことをきっかけに、兄と妹は近くのアパートへ移った。

(5)大里郡大里町小八林《こやつばやし》の春日神社　太平洋戦争中から直後にかけて辰三郎の一家がいた木賃宿に近い。ここのお堂で何度も泊まったことがある、と始は言っている。このへんが通常の移動範囲のほぼ北東端に当たっていたようだ。すぐ先が荒川であり、その対岸へ回ることはまずなかった。対岸の熊谷市や、その周辺には、また別グループの移動箕作りたちがいて、いわば縄張りを分け合っていた。

(6)大里郡寄居町小園《こその》、同赤浜の荒川右岸　このあたりが移動範囲の北西端であったようだ。辰三郎らの仲間では大島太郎、松村仲蔵が、とくに長くいた。近辺にセブリ場が五カ所ほどあった。そのうち、小園の年配者が「ドウドウの滝」と呼んでいる小さな落ち込みのわきには、戦前すでに移動箕作りの一家が住んでいたという確実な証言がある。

なお、始によれば、たぶん昭和二十年代の後半に、ここの荒川の河原で武蔵サンカの集会が少なくとも二回は開かれ、うち一回には三角寛も姿を見せたという。『サンカ社会の研究』五三ページの、

昭和九年五月十日、埼玉県寄居近くの荒川べりの原野で、南埼玉のサンカ五十三セブリを集め

たことがある。

というくだりは、その折りのことにまずまちがいあるまい。三角が「昭和九年」としているのは同書にしばしば見られる作為であって、じっさいは二十年ほどのちのことと思われる。

以上のセブリ場を模式図にプロットしてみれば次ページのようになる。（ごく粗い数字でいえば、右辺二七キロ、左辺三三キロ、上辺一八キロ、下辺一一キロほどである）

これはあくまで、彼らの通常の移動地域を理解していただくための概念図であって、この線外にセブリを張ることがなかったということではない。はやい話、ここから遠く離れた山梨県塩山《えんざん》市へも戦後だけで少なくとも二回、箕の販売と修繕の仕事で出かけたことがあった。

サンカと呼ぶべき集団は、趣味や、わけのわからぬ衝動に駆られて移動を繰り返していたのではない。それは、彼らが従っていた生業のしからしむるところであった。

箕という農具は大事に使えば数十年はもつ。高価でもあった。だから年じゅう買い足す種類の商品ではなかった。修理にしたって一年に何度もするものではない。そうであれば、ある地域で仕事をし、そこでの需要が一段落したあとは、次の得意場へ移っていくしかなかったのである。

彼らの「漂泊」には、もう少し違った面もうかがえるが、基本は顧客を求めて毎年おとずれる、そう広くない範囲の、かなり規則的な「回遊」にあったといってよいだろう。

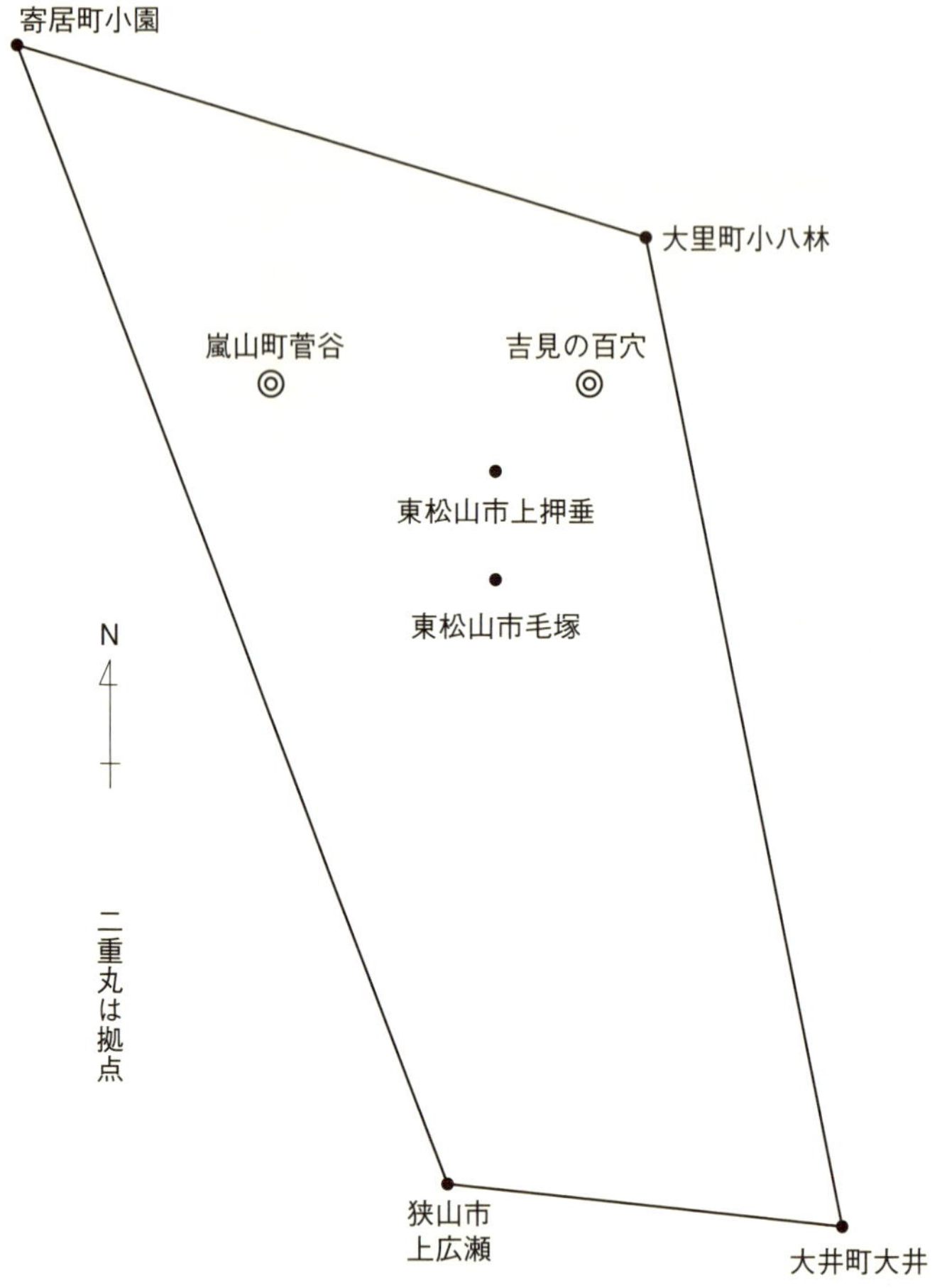
寄居町小園
大里町小八林
嵐山町菅谷
吉見の百穴
東松山市上押垂
東松山市毛塚
N
二重丸は拠点
狭山市
上広瀬
大井町大井

2　セブリ生活者の出自と経歴

武蔵野にありといふなる逃水の
　逃げかくれても世をわたるかな

三角寛は『サンカ社会の研究』三六ページで、古歌を引用したあと記している。

　これはサンカを詠んだものだといふ説に、しばらく耳をかたむけたときもあつたが、別に、彼らが逃げかくれて居る訳ではないから、サンカのことゝも思へない。しかし、ほんの暫時の巣喰ひであるから、彼らの移動運態は、まつたく逃水（虹）のやうで、昨日までゐたと思ふところに、もうゐない。虹の如く、陽炎《かげろふ》のやうな運態のはげしさには、セブリを追つかけた三十年間は、まつたく多忙であつた。

三角は歌の出典は示していないが、源俊頼（一〇五五―一一二九年）の『散木奇歌集』（一一二八年ごろ成立）の雑上に見える、

　東路に有といふなるにげ水の
　　にげのがれてもよをすぐすかな

の、うろおぼえか、だれかから誤ったまま教えられたのであろう。「逃げ水」は、晴れて地面が熱せられた日に水蒸気が立ちのぼって水たまりがあるかのように見える現象で、古くから武蔵野の名物とされていた。

それはともかく、わたしはセブリ生活者たちの足跡と出自を調べていて、よくこの歌を思い出した。名前がわかる、横顔のようなものが少しのぞけた気になる、生年を教えられる、ときによっては出生地あるいは「本籍」を書いた記録にぶつかる。しかし、たいていの場合、手がかりへ近づくごとに、相手はすっと消えてしまうのである。

三角の最重要の情報源は久保田辰三郎であった。その辰三郎と妻ヒロについては、第一章にひととおり書いた。だから、ここでは夫婦の仲間たちの話をしてみたい。

三角が辰三郎の次に親しく接していたのは大島太郎である。大島は、もともとの移動箕作りではなかった。三角のひとり娘、三浦寛子著『父・三角寛　サンカ小説家の素顔』(平成十年、現代書館)の五〇ページ以下に次のような記述が見える。

家に最後まで来ていた「大島さん」という人がいました。父に言わせると「生粋のサンカじゃない。サンカに興味を持ってサンカの集団に入ったんだ。途中からサンカになった人だから、平気で『自分はサンカだ』と言う」。この「大島さん」は、背が小さい人で、やはり歩くのが速い人でした。ある日、小さな子どもを連れてきたんですが、帰るときにわたしたちが見送っていると、一瞬、目を離すと、もう見えなくなっていたんです。サンカの漂泊していく生活に憧れ、そ

中央の男が大島太郎（『サンカの社会資料編』から）

の集団に身を投じる人もいたようです。父は、その「大島さん」とどこでどうして知り合ったのか、話してはくれませんでしたが、彼はよくお餅を持ってきてくれました。箕《み》作りをしながら、東京周辺の農家を回り歩き、餅と交換していたのではないでしょうか。それを大きな布の袋に入れてくる。四角い餅、丸い餅、大きいの小さいの、あちこちの農家を回るので、いろんな餅が、袋に入っていました。

大島について、ここに書かれているのと似たようなことを話してくれた女性がいる。名前を仮に山本タカとしておこう。タカは大正十年（一九二一）の生まれで、現在は東松山市上押垂《かみおしだれ》に住んでいる。彼女のことを教えてくれたのは、辰三郎の子供たちの一人である。

タカは農民だが、松島ヒロととても親しくしていた。なんでも昭和三十二年生まれのヒロの末っ子に自分の乳を飲ませたこともあったということだ。平成十四年夏と秋のわたしの取材に彼女は次のように答えている。

「大島（太郎という名前は思い出せなかった）は、もともとの箕直しではない。自分（タカ）の実家がある村の、わりに大きな農家の生まれだ。ほかのきょうだいたちはみな、ちゃんとした人間なのに、あの男だけがおかしく、箕直しといっしょになって遊び歩いていた。大島は、いま生きていれば八十七歳くらいになる」

平成十四年十一月（このとき大島の年齢を聞いた）に満八十七歳だとすれば、大正四年（一九一五）ごろの生まれであろう。

『サンカ社会の研究』一〇三ページに「昭和三十六年十月十日、関東箕製作者組合埼玉支部員大島太郎（四十五歳）と久保田辰三郎（六十九歳）が説明」の一文があるが、辰三郎は過去帳では明治二十五年（一八九二）七月生まれとなっているから、このときたしかに六十九歳だった。辰三郎だけ実年齢を記し、大島の方は変えてみてもしかたがないから、ここでの大島の年齢についても事実と受け取ってよかろう。そうだとすると、大島は大正五年ごろの出生ということになり、タカの指摘とほぼ一致する。

山本タカは「深追いはしない方がよいね」と釘をさしつつ、大島の実家として東松山市郊外のある家を名指しした。わたしは、その忠告にしたがったわけではないが、まだちゃんとした取材をしておらず、裏付けはとれていない。ごく粗い調べでは、その家は兄が継ぎ、兄はとっくに死亡して、その子供も平成十年ごろ六十歳代の半ばで亡くなっているという。同家の墓地ものぞかせてもらったが、「大島太郎」の墓碑は見当たらなかった。

それはさておき、三角が学位論文『サンカ社会の研究』(同題名の著書は、この論文の要約版として出版された)を東洋大学へ提出する前年の昭和三十五年に、埼玉県大里郡寄居町の大島のセブリを訪ねて、その折りの見聞を記事にした雑誌がある。人物往来社の『歴史読本』で、同三十六年二月号に「日本のジプシー〝山窩〟」と題して巻頭グラビア六ページとともに記事八ページを載せている。わたしがこれを知ったのは、雑誌『マージナル』第四～六巻(平成一～二年、現代書館)に掲載された佐伯修「サンカの足跡を訪ねて」によってである。

佐伯は、大島の存在を新人物往来社の記者に教えた、当時埼玉県深谷市在住のK(『歴史読本』には実名が出ている)のメモを詳しく紹介するかたわら、平成元年ごろ寄居町赤浜と小園で行った聞き取りの結果を報告している。この三つの記録(『歴史読本』、Kのメモ、佐伯の報告)は、大島という人を知るうえで、たいへん参考になる。

大島太郎は、終戦直後の昭和二十年か二十一年ごろ、久保田辰三郎らの集団に加わったようだ。それとほぼ同時に結婚したことは、まずまちがいない。

大島の妻の名前は、斉藤登も辰三郎の子供たちも思い出すことができない。ただ前記Kの手記には「まち子」とあるので、以下それにならっておきたい。

まち子は生粋のセブリ生活者の出であった、と斉藤は言っている。仲間の妻たちの中では、いちば

埼玉県寄居町小園の荒川の河原。ここでサンカの大集会が開かれたことがある。
（平成14年６月２日）

んきれいだったという。生年ははっきりしないが、大島より十五歳ほど若年だったようだ。のちに大島一家が、かなり長いことセブリを張っていた寄居町赤浜の一部住民のあいだには「実の娘を妻にしている」とのうわさがあった、とわたしに語った人がいる。それは、たぶんに偏見にもとづくつくり話にすぎないが、一つには二人が親子ほど年が違って見えたせいではないか。

二人がいっしょになったとき大島は三十か三十一歳くらい、まち子は十五、六歳だったと思われる。ひょっとしたら、セブリの美しい少女との出会いが、大島の転身の動機であったのかもしれない。

大島夫婦には五人の子がいた。出生は、結婚後間もなくから十年ばかりのあいだであったようだ。一家は初め、もっぱら辰三郎らと行動をともにしていた。しかし昭和三十年代に入って、移動領域の最も西に当たっていた寄居町へ拠点を移している。理由はよくわからない。おそらく箕の仕事が減って、従来の得意場ではほかの仲間と競合することが多くなったためではないかと思う。さらには、子供たちの成長にともない、移動生活から足をあらうことを考えていたらしい。大島は寄居にいるあいだに、五人の子のうち二人を学校へ通わせるようになったのである。その学校はセブリを張っていた村の学区外にあり、そこまで電車で通わせていたのだった。

大島一家は昭和三十六年ごろ寄居町を去って、どこかへ行ってしまう。そうして二度と昔の仲間の前へ姿を現すことはなかった。夫婦は移動箕作りの将来に、はっきりと見切りをつけたのであろう。夫婦がいまも存命なのかどうか、わからない。しかし子供たちは、その年齢から考えて元気に暮らしているに違いない。斉藤がそうであるように、周囲には自分たちのかつての生活ぶりを隠しているのではないか。

武蔵サンカには、大島と似た出自の男が、もう一人いた。小川作次である。生年も大島とほぼ同じ大正五年（一九一六）前後であった。小川の風貌は、『サンカ社会の研究』一一八ページ上の写真でしのぶことができる。

小川は、これまでもたびたび触れた吉見の百穴に近い、比企郡吉見町の、おそらく和名か流川あたりの農家の生まれだった。どういういきさつで移動箕作りの暮らしに入ったのか全くわからない。

小川は昭和二十年代のいっとき、比企郡嵐山町菅谷の稲荷塚古墳の石室に住んでいた。同古墳は七世紀後半の築造とされている円墳で、古くから開口しており、石室は六畳ばかりの広さがある。ここでしばらく暮らしたあと、一キロほど南西の同町千手堂の槻川べりへ移って、そこに小屋を建てた。

小川作次と新井ふみ夫婦（『サンカ社会の研究』から）

辰三郎や大島らがセブっていた菅谷館《すがややかた》前の都幾川岸から上流へ五百メートルたらず離れた両川の合流点付近だ。死亡するまでずっと、ここを拠点にしていた。

「飲んべのサクさん」と呼ばれていた。

千手堂の農家の主婦、西川ツネ（仮名、大正八年生まれ）は、孫を連れて小川夫婦の小屋へ何度も遊びにいったことがある。よく酔っぱらっていて、そのときは怖かったという。小川は位牌をいくつか持っていた。息子や娘のものではない。彼には子がなかった。おそらく両親やきょうだいのものではなかったか。尺八を作るのがとても上手で、近所の農民にプレゼントしたこともあった。

小川は昭和六十年前後に死亡したようだ。もとから血圧が高く、いよいよ体がおかしいとなって東松山市内の病院へ入り、そこで亡くなった。七十歳くらいだったと思われる。

小川の妻は新井ふみといった。かわいい感じの人だった、と彼女を知る何人かの者から耳にした。ふみの姿も、前記写真に見えている。彼女の左ひじを取り巻いている黒っぽい腕輪のような線は、どうも刺青のようだ。それにどんな意味があるのか、わからない。

ふみは平成二年七月十九日に、埼玉県内のある特別養護老人ホームで死去している。ホームへの届け出によれば、明治四十四年（一九一一）九月二十三日生まれとなっているから満七十八歳であった。本籍として埼玉県深谷市東方《ひがしかた》の、ある番地が記録されている。

平成十四年の秋、わたしは二度、その土地を訪ねた。あたりは大規模な土地造成のため様子が一変しており、地番も付け変えられていた。しかし幸いにも、昔のことをよく知っている大正十一年（一九二二）生まれの女性に会えて、記録の旧地番がどこかは確定できた。そこはいま信号機の付いた交差点になっているが、以前は一帯が桑畑で普通の民家はむろん、小屋一つなかったという。

その女性は箕直しがどんな人びとなのか正確に理解していた。彼女は信号機のわきに住んでいたのだから、ふみが本籍地として届けたところにセブリがあれば、記憶にとどめているはずである。ただし女性の年齢から考えて、昭和四、五年ごろより前のことは何も知らないだろう。ふみが生まれた明治末から大正ごろにかけては、当該の地にセブリがなかったともいいきれない。

いずれにしろ、ふみが識字能力を欠いていたことと併わせ考えると、彼女も大島の妻まち子らと同じように移動箕作りの社会で生まれ育ったものと思われる。

辰三郎の仲間の一人、梅田留吉は大正元年（一九一二）ごろの生まれであった。梅田について斉藤

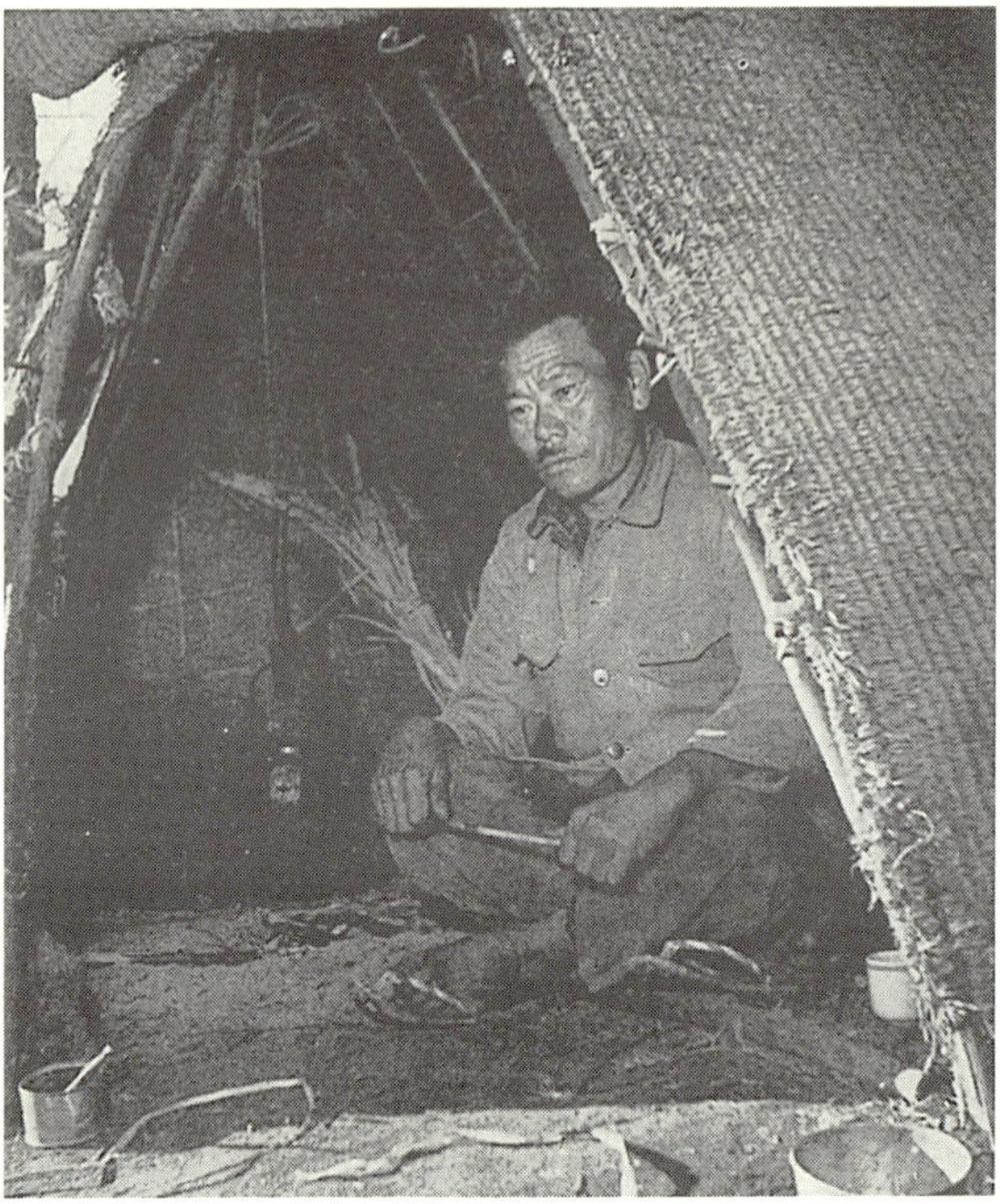

梅田留吉（『サンカ社会の研究』から）

は、

「あれこそ生粋のセブリ者だった」

と言っている。

梅田の写真は『サンカ社会の研究』四七、四八ページに載っている。三角寛は、その説明で「昭和二十三年二月十八日丹波福知山、下六十部《しもむとべ》由良川のセブリ地帯で」撮影したと記しているが、これは事実ではない。写真の人物は梅田にまちがいないと斉藤は明言しており、場所はおそらく埼玉県荒川支流域のどこかであろう。梅田が晩年をいっしょに過ごした川田イシは、斉藤の元の妻であった。

梅田は茨城県竜ケ崎市字《あざ》根町の愛宕神社下のセブリで出生した可能性が強い。

明治四十三年（一九一〇）の暮れ、茨城県警察部が発表した調査によると、そのころ根町には二戸、四十人の箕直しが住んでいた。この二戸で四十人というのは、おそらく直系の親族だけで構成された家族ではなく、血のつながりをもとにした仲間の集団であったと思う。そのへんについては、調査の内容と合わせて、のちに詳述したい。

梅田は若いころ茨城県南西部や千葉県北西部を中心に、あちこちのセブリを転々としていたらしい。その一つに千葉県印旛郡印旛村鎌刈の「シミズガシラ」も含まれていたと思われる。そこは雑木林の中の小さな空地で、清冽な水がこんこんと湧く泉があり、昭和二十年ごろまで「ミーヤさん」が三、四家族、季節をかぎってはやってきて篠竹で葺いたような小屋を建てて住んでいた。いま日本医大病院の裏手に当たるへんで、かすかながら往時の面影を残している。梅田一族は、どうやらここらあたりを縄張りにしていたようで、留吉はすぐ先の印西市草深《そうふけ》にもいたことがわかっている。

梅田がいつごろ、どんな理由で埼玉へ生活の場を移したのか、はっきりしない。ただ昭和二十年代の前半には、すでに吉見の百穴にいた。そのあと嵐山町千手堂の槻川べりへ来ている。梅田のセブリは小川作次のすぐそばで、辰三郎や大島、斉藤らとは五百メートルほど離れていた。

梅田は、そのころ重い胃病を患っていた。斉藤は胃がんだったと言っている。だが病院へ行くことも、寝込むこともなく、胃が痛くなると重曹をなめて、ごまかしていた。

梅田は昭和三十年九月十日に死亡した。その折りの様子については、前記の佐伯修「サンカの足跡を訪ねて」に詳しい。要点を引用させていただく。

梅田は、その日、嵐山町千手堂から北西へ六キロほど離れた比企郡小川町奈良梨の諏訪神社（いまは八和田《やわた》神社となっている）境内で、妻の川田イシとともに、農家からあずかった箕をつくろっていた。仕事のさなかに持病の発作が起きたらしく、病院へ運ばれる途中で急死したようだ。小川町の町費で火葬されたという。行年は、たぶん四十代の半ばだったはずである。

梅田の最期をみとったイシは、大正八年（一九一九）の生まれだから、このとき三十五歳か三十六歳であった。

イシの生家は、比企郡内のある村の貧しい農家だった。どんないきさつがあってのことか、妹ともども箕作りの集団で暮らしていた。

先にも触れたように、イシはいっとき斉藤登の内縁の妻だった。昭和二十年代半ばのことだ。彼女は斉藤より十一歳、年上であった。離別は、斉藤によれば、イシの方から持ち出したものだという。この社会で、それはべつだん、わずらわしいことではなかった。彼らが戸籍に、いかに無頓着であったかは第一章で述べた。子供の入籍でさえそうなのだから、男と女の同棲ではたいていの場合、戸籍など問題にせず、また式といったものとも無縁であった。離別も同じことである。

イシは梅田といっしょに暮らしはじめる。住まいは千手堂のコンテナ型の小屋だった。二人の同居生活は、夫の急死により五年たらずで終わる。子供は、できなかった。その後、イシは一人で箕直しに回っていた時期があったらしい。さらに、ある病院で掃除係をしていたという話も耳にしたが、確認はしていない。

『サンカ社会の研究』五〇ページに「武蔵一《むさしはじめ》」という人物のことが記されている。明治二十七年（一八九四）八月、東京石神井生まれとなっており、三角によれば「武蔵全体のクズシリ（親分）である」ということになる。武蔵のことは、ほかのところにも散見されるが、『山窩物語』一六〇ペー

左端が斉藤登（『サンカ社会の研究』から）

ジには次のようにある。

　武蔵一は、国知一《くずしりかみ》で、いわゆる武蔵全体の親分であるが、（中略）戦時中に、その一統をひきつれて農村に進出し、いわゆる銃後の挺身隊となり、荒地開拓に乗りだした。これが、終戦と同時にマッカーサーの進駐によって、農地解放が実施されたので、一躍大農になって、いま埼玉県大里郡の大地主におさまっている。

　この「武蔵一」のモデルになった人物は実在した。名前を芦田万吉（仮名）といったが、なぜか仲間たちは「ツルさん」と呼んでいた。斉藤は「ツルさんが姿を見せると、その場の空気がぴんと張りつめた」と話しており、辰三郎の二男（昭和二十一年生まれ）は「大親分だった」と語っている。
　万吉は昭和三十九年十一月五日に死亡した。墓碑には行年を六十八歳と記しているので、明治二十八年か同二十九年、もしこれが数え年なら同三十年の生まれになる。しかし本当のところは家族にもわからなかったようで、三角が書き残した方が、じっさいに近いかもしれない。

万吉の長男、松造（仮名、大正十四年生まれ）と、松造の娘一家はいまも、「大地主におさまっている」と三角が述べた、その土地で暮らしている。そこは、もともとは村の共有林であったようだ。戦争前か戦争中、万吉一家がそこへ小屋を建てて住みつき、敗戦直後の制度の激変で、いつの間にか万吉の所有地のようになったらしい。万吉は大農といったものではなく、定住して農業を営むかたわら、妻とともに近村を回って箕直しをしていた。

付近の農民は、万吉らは秩父の出身だと信じていたようだ。「流れ者で籍がないらしい」とも、うわさしていた。それが悔しくて、松造はあるとき役場で戸籍謄本を取って村の何人かに見せたことがある。

「おやじは千葉県東葛飾郡風早《かざはや》村大字藤ケ谷《ふじがや》、おふくろは長野県結城《ゆうき》郡清瀬《きよせ》村榊原《さかきばら》で生まれた、とちゃんと書いてあったね」

松造は、わたしの聞き取りに対して、呪文でもとなえるように、よどみなく答えている。

万吉の出生地とされている風早村藤ケ谷は、現在の沼南《しょうなん》町藤ケ谷で、先の梅田留吉がいたことがある印西市草深《そうふけ》とは十キロほどしか離れていない。この記載に誤りがないとすれば、二人はもとからの顔見知りであったかもしれない。

一方、万吉の妻の「出生地」についてだが、長野県には結城郡も清瀬村もない。全国でただ一つ結城郡のある茨城県にも、清瀬村はない。要するに、これは架空の地名なのだ。でたらめの地名でも届け出どおりに受け付けられた時代があったのかどうか、わたしにはなんともいえない。しかし万吉夫婦の戸籍に、そのように書かれていることは、おそらくまちがいなく、そこが母親の生地だと松造は信じきっている。この女性もまた、生粋のセブリの生まれだったのではないか。

斉藤登の妻、菊恵（仮名）は昭和三年の生まれで、夫より二つ年上であった。同五十四年十一月、頬のうちら側にできたがんのため死亡した。五十一歳だった。

菊恵は、斉藤によれば、「字の読み書きも、料理もまるでだめだった」という。この点は、辰三郎、ヒロ夫婦の娘たちと共通している。セブリ生活者は炊事道具をほとんど持たず、料理といえるほどのことはめったにしなかったから、女性でも一般社会のような料理はできなかった。

斉藤は移動箕作りたちと暮らしていたあいだに七、八人の女性との同棲生活を経験しているが、籍に入れたのは菊恵だけであった。「奥さんに籍はあったんですか」という、いささか非礼なわたしの問いに、斉藤は言葉をにごしながらも「ぜんぶ市役所にまかせていたから」とつぶやいたのだった。これが、この人なりの答えではないかと思う。

菊恵は秩父で生まれたと斉藤に話していたようだ。斉藤は、そこへ行ったこともなく、また秩父のどこか詳しくは知らないと言っている。もし本当にそうであれば、訊いてみたところで本人にも答えられないことがわかっていたのであろう。

なお、これまで何度も名前を出してきた斉藤登（仮名）については、わたしが彼のもとにたどり着けたいきさつを含めて第六章で詳しく紹介することにしたい。

3　性あるいは男女関係

三角寛は、サンカ社会には「妻以外、夫以外には手を出さぬ、性的関係をもたない」という厳格な掟《おきて》があったとしている。『山窩物語』の「掟《ヤエガキ》のきびしさ」と題した項の冒頭（一一六ページ）を引用しておこう。

次に、彼らの掟《ハタムラ》、つまりヤエガキを調べてみると、これはいわゆる法三章である。民法や刑法をひっくるめたようなわずか三カ条である。中で一番やかましいのが第一の「ツルミの掟」である。

私はツルミは「一夫一婦《ツルミ》」と当てているが、正確にいうと古語のツレソイであり、ツラマリである。相手との固い約束という意味で、妻以外、夫以外には手を出さぬ、関係をつけない。このチギリを犯せば首を刎《は》ねるというのである。斬首《ざんしゅ》刑だ。

同趣旨の記述は、『山窩物語』のほかの部分や『サンカ社会の研究』『サンカの社会資料編』（昭和四十六年、母念寺出版。平成十三年に現代書館から復刻版）のあちこちに散見されるので、これらの著述に接した方なら、すぐにうなずかれることだろう。

『山窩物語』の一〇九ページに「きびしい掟できめられた一夫一婦制」という説明が付いた写真があり、そこには上半身はだかの久保田辰三郎と妻ヒロが姿を見せているが、この夫婦のことから話を始めたい。

松島ヒロは、すでに触れたように十六歳くらいのとき、同じ箕作り仲間の「ユウジ」という男性と結婚し、男、女、女の順で三人の子をもうけている。どんな理由かわからないが、その後、二人は離縁をした。死別ではない。そうしてヒロは二十三歳のころ辰三郎といっしょになっている。同種の事例は、ほかにいくらでもあった。「相手の一方が死なない限り、再婚の機会は与へられない」（『サンカ社会の研究』一三四ページ）といったことなどなかったのである。

斉藤登は、そのヒロとの不倫の経験を、わたしに語っている。昭和三十一年前後のことらしい。ヒロは彼より十五歳の年長であり、彼にとってはヤゾウ（親分）の妻だった。斉藤からこの告白を聞いたとき、わたしは男と女の暗くて深い性の淵をかいま見たような気がした。彼らの社会で、こうした秘めごとは隠しおおせるものではない。どこへ行っても、仲間の目を遮断できる場所などないからだ。二人の不倫も当然のように辰三郎の知るところとなった。

「斉藤、いいかげんにしておけよ」

辰三郎は、そうは言ったが、べつに斉藤に対して何かしたわけではなかった。当時、辰三郎は六十四歳、ヒロは四十一歳、斉藤は二十六歳であった。

「おやじは、もの静かな男でね、ほんとに生き死ににかかわることでないかぎり、声をあらげることはなかった」

ざっと半世紀ののちの斉藤の述懐である。

斉藤はヒロの二女タマ子に思いを寄せていたようだ。タマ子は『サンカ社会の研究』一五六ページ

「おコウさん」と長男が暮らしていたことがある東松山市内の農具小屋。この前には共同墓地のわきのお堂に住んでいた。（平成16年３月28日）

下の写真に見える美少女だ。彼より七つ若年であった。

「結婚することになってたんですがね、わたしはその前に、あの社会を抜けましたから」

だが、たぶん、そういうことではあるまい。

「斉藤さんはタマ子姉さんと結婚したがっていたが、おやじが許さなかった」

松島始の、この言葉の方が真相に近かったのではないか。

斉藤には忘れられない不倫が、もう一件あった。相手は「おコウさん」である。辰三郎らがかつて住んでいた埼玉県大里町小八林の木賃宿で、いっしょに暮らしていたことがある箕直しの女性だ。

コウは墓碑によれば、昭和四十二年七月に六十四歳で死亡している。逆算すると明治三十六年（一九〇三）ごろの生まれだから、斉藤より二十七歳ほど年上であった。

コウは、松島ヒロの前夫「ユウジ」と夫婦だったことがある。彼女には男（大正十三年生まれ）、女（昭和三年ごろの生まれ）、女（同六、七年ごろ）の順で三人の子がいた。彼らの父親がだれなのか、わたしは確かめていない。第一章で名前を出した福田イチ（昭和三年生まれ）の話では、コウの長女はとてもきれいで、いっとき東京の歯科医のもとへ奉公に出ていたことがあるという。

ついでながらユウジはコウ、ヒロらとの同棲生活のあと、定住民の女性といっしょになった。埼玉県川越市の酒屋の娘であった。「頭髪病」（斉藤の言葉）で、いつもかつらを付けていた。ユウジは、この縁組みによって女性の親から家を建ててもらったという。

コウは戦後、小八林の木賃宿を引き払い、東松山市毛塚の共同墓地のわきにあったお堂へ移り住んだ。長男がいっしょだった。「墓守り」といった立場であったらしい。かたわら自分は廃品回収のようなことをし、息子は洋傘直しに歩いたりしていた。いつごろからのことかはっきりしないが、とにかく昭和三十年代の初めには、コウは武蔵サンカの大親分、芦田万吉と愛人関係にあった。斉藤は、そのコウと性的交渉をもったのである。ヒロとの不倫から間もなくであった。二人のことは、ほどなく芦田の耳に入った。人を介して斉藤に警告が発せられた。

「あの野郎、生かしちゃおけねえ」

おい、斉藤、大ヤゾウが、そう言ってるぞ。と伝えたのは、熊谷のS兄弟と、「ダルマ芸のマッちゃん」であった。マッちゃんは斉藤の元の妻、川田イシの妹を妻にしていた。

警告は、しかし実行されなかった。斉藤は痛めつけられることもなかったのである。

理由の一つは、斉藤が芦田のもとを訪れ、わびを入れたからであろう。さらに、芦田が若造を相手

手前が斉藤登、菊恵夫婦（『サンカ社会の研究』から）

にするのも、はしたないと思いなおしたこともあったかもしれない。そのころ芦田は、すでに六十歳を過ぎていた。そうした事情にくわえ、この社会が崩壊の瀬戸ぎわにあって、たががゆるんでいたこと、もともと彼らのあいだでは、この種の問題に寛大な気分があったことなどが重なり合った結果、おとがめなしとなったのではないか。

昭和三十五年、斉藤登と菊恵夫婦とのあいだに男児が出生している。菊恵には長女に次いで二人目の子であった。

長女は、彼らがいっしょになるずっと前に生まれているから、斉藤の子ではない。それは当然だが、長男の父親も斉藤ではなかった。彼は、その前かなり長いこと菊恵のもとを離れていた。どうも服役していたようだ。自分は前科四犯だ、と彼はわたしに語っている。それに、そもそも斉藤は「無精子症」（本人の言葉）であると病院で診断されていた。

松島ヒロが昭和三十一年に四男を産んだころ、仲間が父親は斉藤ではないかとうわさし合ったものだった。二人の関係は、みなに知れわたっていたのだ。彼は、そのうわさに対して、あいまいな笑みを浮かべただけで黙っていたが、むろん、そうではないことがわかっていた。

「息子の父親は日下部《くさかべ》という男ですよ」

日下部のことは、のちに触れる、ある重大な殺人事件の容疑者として、斉藤が誤認逮捕された折り、それを伝えた新聞にも名前が出ている。記事には次のようにある。

斉藤は犯行当夜十一時ごろ穴八幡の寝ぐらに帰り、同僚の日下部に何気なく「おれは、きょう物見山（事件現場）で、かごを背負った女に会った」ともらしたので、日下部が「お前が殺したのだろう」と冷やかしたところ青くなった。

ここに書かれていることが事実であれば、日下部の供述も、警察は斉藤逮捕の状況証拠の一つにしたのだろう。

文中の「穴八幡《あなはちまん》」とは、東松山市石橋の若宮八幡神社本殿下に石室のある「若宮八幡古墳」のことである。近在の年配の住民には、敗戦後十年ほどのあいだ、この穴に「乞食が何人もたむろしていた」ことをおぼえている人は多い。斉藤も、ここにセブっていたことがあったのだ。

日下部は、ふだんテキヤのようなことをしていたらしい。箕作りではなかった。斉藤は以前、日下部といっしょに群馬県高崎市へ行ったことがある。これといった目的はなかった。「わたしには放浪癖がありますからね」。斉藤の言うように、これも男二人の風まかせの旅だった。高崎で「乞食女」(斉藤の言葉)に会い、斉藤は彼女を埼玉へ連れ帰って同棲を始める。彼にとっては、「もと東京・吉原の娼妓だったカツ」、「東松山市岡の旅役者の娘」に次いで、たしか三人目の同棲相手であった。二十歳ごろのことである。

日下部と菊恵との不倫は、それから十年ほどのちのことになる。「いま思い返しても腹が立つ」。斉藤は四十数年後に、そう語っているが、どちらもどちらであったたし、子供に罪はないと自分に言い聞かせて長男を実子として認知したのだった。「色白で、かわいい子だった」。斉藤一家のことを知る何人かの述懐である。しかし、その子は小学校四年のとき急性肝炎で死亡した。

菊恵の長女がどこで、どうしているのか、わたしは聞いていない。

4 生業、宗教、葬制、死生観

彼らの最も重要な生業は、箕の製造と修繕であった。そのうちでも、近年の武蔵サンカにかぎっていえば、修繕の方がより大きな収入源になっていた。類似の集団の中には、むしろ新箕《あらみ》の製造を仕事の中心にしていた地方もあるが、辰三郎らは、そうではなかった。これはたぶん、近くに箕作り村があったことと関連していると思う。箕作り村とは何か、移動箕作りとどんなかかわりがあったのかについては、のちに詳記したい。

注文取りは、たいていの場合、女の仕事だった。「壊れた箕はありませんか」「箕直しのご用はあり

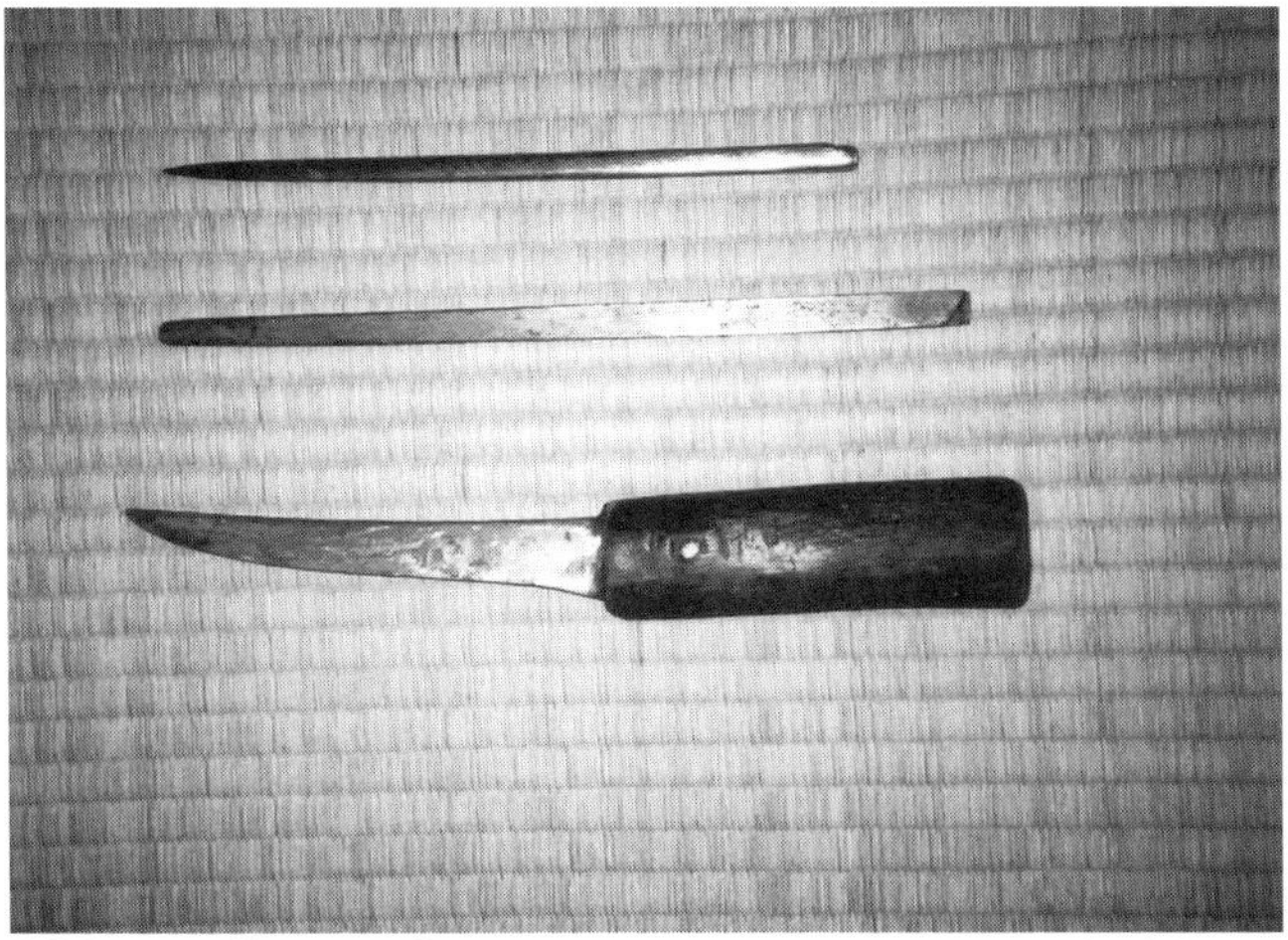

箕作り工具3種。上から芯通し、ツバグチ、コガタナ。コガタナはいちじるしくすりへっている。(平成15年3月24日)

ませんか」と訊きながら、農家を一軒一軒まわって歩くのである。農民が野良へ出る前の早朝に、そうやって壊れ箕を集め、昼のあいだに神社の境内や、なじみの農家の庭さき、涼しい木陰のある場所などで夫婦そろって修繕にあたり、夕方、頼まれていた家々へ届ける。対価は米や麦、芋そのほかの農産物で受け取ることが多かった。一枚がどれくらいとはいえない。ほころびの程度によって違っていたからだ。

箕直しが農家をまわって歩く姿は、古くはどの地方ででも見られたようだ。しかし、おおよそのことでいえば、この仕事は西日本では東日本に比べて、かなり早く消滅したところが多いように思われる。平成十年代のこんにち、そんな職業者の存在など目にしたことも耳にしたこともない、とみなが口をそろえる地域が西日本には少なくないのである。一方、東日本ことに関東あたりの村落社会で、昭和二十年ごろまでに生まれた人なら、ほとんどが多少なりとも記憶にとどめているのではないか。なぜ、このような地域差が生じたのか、理由は未詳である。

茨城県新治郡千代田町のある集落には、平成十四年の暮れにも箕直しがまわってきた。六十代半ばくらいの女性だった。この人は毎年、十二月になると近村へ姿を見せるようだ。もとは、そこから遠くない山中の、すりばちの底のような谷間に小屋掛けをしていた家族の一人である。現在はむろん、普通の家で暮らしていると思う。近ごろの仕事は小遣い稼ぎといった程度らしい。

栃木県芳賀郡二宮町のある農家へ、平成十二年（のいつかは、はっきりしないが）に男の箕直しが注文取りに現れた。男は「茨城の海の方から」来たと告げた。その家には、ちょうど壊れた箕が二枚あったので修繕を頼んだところ、終わったあと二枚の直し賃として三万円を請求された。家人は高いと思ったが、あらかじめ代金を訊いていなかったため、やむなく支払ったという。このへんでは新箕一枚の小売り値は一万円前後である。

詐欺か恐喝にひとしい、この手の「偽箕直し」は昔からいて、わたしはほかにもいくつかの事例を耳にした。似たような話は『サンカ社会の研究』にも出ており（二五四ページ「偽物のサンカ」など）、三角寛は「マガクモ」の名で呼んでいる。

まっとうな箕直しで一家を支えることは、もう久しい以前からむつかしくなっていた。昭和三十年代の前半ごろを境に、どんどん仕事がへって武蔵サンカの集団も年ごとに窮迫の度をくわえていく。彼らはあんまり触れたがらないが、そのぶん物乞いに頼ることが多くなるのである。それは女や子供の役割であった。男たちは野良仕事の手伝いや日《ひ》よう稼ぎに出た。わたしは埼玉県中部地方で多くの村落生活者に辰三郎と、その仲間たちのことを聞いて歩いたが、彼らのことを「乞食」だと思っている人たちが少なくなかった。「箕直しと乞食は違う」と断言する声がある一方で、「箕直し」とは「乞食」の別称だと考えている住民も、かなりいたのである。

移動箕作りというのは、箕の製造や修繕で暮らしを立てていたころから、ときに物乞いと同視されがちであった。それは彼らが定住家屋をもたず、身なりもおおむね粗末で、肩にかつげるくらいのわずかな家財道具によって生活していたこととかかわっていたのだろう。しかし、そのほかに副業として門付け芸にたずさわっていたことも、理由の一つになっていたのではないか。

俵ころがしという門付け芸があった。獅子舞いや春駒や万歳《まんざい》などと同じ祝福芸の一種だが、ずっと安直である。道具は米俵のミニチュアを使う。長さ二十五センチほど、茶筒のような円筒形の、表面を金色の布などでおおった美麗な小型の米俵だ。真ん中に紅白の糸で撚《よ》った長い紐が付いている。

俵ころがしは、それを持って各家をまわる。庭や土間や縁側などで、俵をころころ転がして、紐が伸びきったら手元へ引き寄せ、また転がしつつ、

「ひとっころがし百たわら、ふたっころがし千たわら」

のような、じっさいはもっと長い口上を節《ふし》を付けて述べるのである。

サンカの中に、この俵ころがしを生業の一つにしていた者があったことは、まず疑いないところだと思う。鷹野弥三郎著『山窩の生活』（大正十三年、二松堂書店。平成五年に明石書店から復刻版）四八ページには次のようにある。

又千葉県の警察署に就いて聞くと「本県内は時に山窩の襲来する事があるが十数年前に比すると其の聚合が、極めて稀になった。従って被害も少くなった。（中略）その聚合は多い時は数十名からで、中には茨城寅、武州の善などとそれぞれ地方名を附したものがあった。何れも箕直し、筅箒《ささら》売り、風車売り、正月の福俵転がし等によって地方を廻つて歩いていた。（後略）」と。

次に『サンカ社会の研究』第二章、第一節「生業種別」の二「遊芸」から引用する。

俵ころばし　小法師《こぼし》　四つ竹　うずめ　さかき　てるつく　獅子　たまひ（田楽とちがひ、竹筒と板木で舞ふ）　さるまひ（猿舞）　さるめ（猿楽の一種）

以上十種の遊芸を、「十エラ《ト》」といふ。正確に云へば「十種囃楽《エラギ》」なのであるが、彼らは、ギを省いてエラと発音してゐる。（昭和十一年から同三十五年まで、毎年、武州熊谷荒川土手のセブリほか九ケ所で確認）

以上のうち、「うずめ」「さかき」「てるつく」「たまひ」「さるまひ」「さるめ」を専門にする者は絶え、「俵ころばし」「小法師」「四つ竹」などに併合されてゐる。

荒川の中流域周辺では、戦後もしばらくのあいだ俵ころがしがまわってきていたので、この方面をよく訪れていた三角は、じっさいに目にしたことがあったかもしれない。遊芸の筆頭に俵ころがしを置いたことにも、それなりの理由があったのだろう。

大島太郎夫婦（『サンカの社会資料編』から）

さらに注目すべきは、先にも紹介した人物往来社発行の月刊誌『歴史読本』昭和三十六年二月号に見える記述である。

冬になると一部の人は大道芸人になって村々を流して歩く。「福俵大黒天」なるものを紹介してみよう。

「一つ転がしゃ一千俵、二つ転がしゃ二千俵、三つ四つは万之俵、そもそも俵の初まりは、昔天じゅく牛馬の方にはられて、七福神が集まって、オトソを供えて酒盛最中、秋の方より白ききつねは、稲穂を供えて舞い下る、十には十の倉八方には八の蔵、目出た目出た鶴と亀との舞あそび、鶴は千年亀万年、五穀豊饒天下泰平お家益々大繁昌、俵の中に茶筒入転がすと良い音がでる」

またあるものは、祭礼のときなど風車売りの露店をだすものもいるという。

これは『歴史読本』の記者が、大島太郎（記者には「大山藤松」と名のっていた）から聞いたことをメモしたか、大島が持っていた何かの書き物を写し取ったものである。大島自身が傀ころがしをやっていたとは話さなかったようだが、少なくとも彼の仲間に、それにたずさわる者がいたことはまちがいあるまい。そうでなければ、これほど詳しい口上を伝えられるはずがないからだ。

一方、斉藤登や辰三郎の子供たちは、仲間に傀ころがしはいなかったと言っている。このへんの食い違いは、双方の年齢差によるのではないかと思う。大島は斉藤より十五歳、松島始より二十五歳ほど年長であった。

斉藤は、彼らのあいだで門付けに出ていた男を一人だけ知っていた。先にも名前を出した「ダルマ芸のマッちゃん」である。

ダルマ芸とは、獅子頭をいくぶん小さくしたくらいのダルマを持って各戸を訪問し、傀ころがしと類似の口上を述べたあと、ダルマの絵を印刷した紙を先方に渡して、ささやかな「喜捨」を得る祝福芸だという。「お獅子」の変形のようなものらしい。

武蔵サンカの宗教について、三角寛は『サンカ社会の研究』二二一ページに次のように書いている。

万象の根源としての「ア」すなわち、太陽に対する信念は、セブリ社会にとっては、太陽宗ともいふべきものである。

さらに同二二三ページでは、

そこで、もつとも省察させられることは、彼らの概念や信念は、現人《あらひと》の中に天津神を認識し、それは、太陽が原素であり、その認識が神であるとする、現実思考の実態である。（中略）セブリ生活者は、目がさめると、太陽に向つて、「アー」と発声して、水平線にギラギラ輝きのぼる太陽を、開目のまま見詰めて、しばらくは動かない。太陽を一心に見つめてゐると、太陽の沸《たぎ》りがよく見え、まばゆくなることがない、そしてこれによつて、夜目が利くやうになると彼らはいふ。

としている。

しかし、このような信仰、ないしは三角のいう「信念」があった様子など、みじんもうかがえない。部分的に、ほとんど意味不明の文章からも推察されるように、これは彼の妄想の産物だといってよい。

それでは、彼らの信仰は、どのようなものであったのか。わたしには、それについて語れるだけの用意がないが、久保田辰三郎の子供たちや、斉藤登に接していて感じることは、どんな宗教にも関心を抱いているようには見えないということだ。

鷹野弥三郎は、『山窩の生活』一一六ページで次のように述べている。

彼等山窩には、宗教信仰とかいう事は全く欠如しているらしい。真に無宗教無信仰者で、又迷信という事にも中々囚われないのである。極端な今日主義で其の日其の日の食物欲と、性欲とを充して行けばよいのである。

要するに、彼らに特有の宗教・信仰といったものはなく、その点では、おおかたの定住民とたいして違わなかったということではないか。ただし、彼らは江戸時代末までは、おそらくそのすべてが無籍であり、宗門人別帳の埒外に置かれていたため、仏教のどの宗派にも組み込まれておらず、それが昭和期まで尾を引いていたということは、あったと思われる。鷹野の情報は、すべて警察によっている。警察がサンカを無宗教・無信仰としたのは、一つには檀那寺をもたなかった事実を指してのことかもしれない。

次に葬制についてだが、辰三郎らの集団にいた者は、当時の子供を除くとほとんど、すでに故人となっている。彼らの遺骸はたいていい、地方自治体の費用によってセブリに近い寺院の無縁墓地へ土葬されたようだ。土葬ということに特別の意味はない。埼玉県中部域の村落社会では、ごく近年まで（一部では平成に入っても）土葬が一般的であったから、それにしたがっただけのことである。

問題は、それ以前、昭和の初めごろまで、セブリ生活者が死んだとき、家族や集団の者が遺体をどうしたのか、である。『サンカ社会の研究』第四章、第六節の四「葬祭《シナドオクリ》」には次のように記されている。

セブリ族は、明治七年ごろまでは、風葬《シナドオクリ》が多かつたのである。それを「アノモドリ」ともいふ。アノは天空のことである。明治七年以後は、ムレコ、クズコ、クズシリ、その上に立つアヤタチ、ミスカシ、ツキサキに限って、風葬の礼をつづけたが、それも次第に土葬になつた。

この風葬の思想は、人間の霊魂は太陽に帰るものとして、その霊を尊び、死体をナキガラとして尊ぶのである。これを網籠に入れて、人目につかない川の上の樹木につるして風化させるのである。これが彼ら社会の死人を祭る最高の儀式であつた。

この文章には例によって過剰な美化と様式化がほどこされている。しかし、その骨格をなしている「風葬《ふうそう》」の言葉は、おそらく、ある事実を反映したもののように思える。

栃木県鬼怒川べりのセブリ生活者は、大正時代には仲間が死ぬと、近くの「馬捨て場」に放置していた。野ざらしに近い状態で風化するにまかせていたのだ。これは、あやふやな風聞ではない。体験者の確かな証言である。のちに詳述することにしたい。

わたしがここで言いたいことは、三角も同種の話を武蔵サンカのだれかから聞いたのではないかということだ。三角は、それを核にして「シナドオクリ」なる虚構に仕立てたのではないか。

もし、このような葬制（といえるかどうか）が、たしかに存在していたとしたら、それは彼らの遺体に対する考え方を定住民とは違ったものにしなかったはずはなく、ひいては死生観にも影響を与えていたように思われる。その死生観によるとは、いちがいにいえないだろうが、彼らのことを調べていて気づかされた暗い事実がある。それは、この人たちのあいだでは、自殺が異常に多かったということだ。

松島ヒロが先夫とのあいだにもうけた第一子（男子）は、農薬をあおって自死している。時期も場所もはっきりしないが、いくつかの証言が一致しているので、まちがいあるまい。

第二子（戸籍上の長女）も、たぶんそうである。彼女の夫が息子を道連れに父子心中したことは第一章で述べた。これについては新聞記事によって確かめることができる。夫は、断言はできないが、セブリ生活者の系譜に連なる人のようだ。長女は、その二人のあとを追ったと周辺の何人かが言っているが、それとは違う話も伝えられているので、疑問がないとはいえない。

「タツ」という女性の家系でも、似たような痛ましい死があった。彼女のことも第一章で触れている。ヒロの一家が、いっとき暮らしていた大里町小八林の木賃宿へ、どこからか流れてきて、戦時中、宿の隣りに家をかまえていた福田イチ（前出、昭和三年生まれ）宅を本籍にして戸籍を作った箕直しの女性である。タツには男の子二人の上に娘がいたが、娘は早くから親元を離れていた。

兄弟は上が大正十年（一九二一）ごろ、下が同十二年ごろの生まれで、十代のときから本格の箕作りとして荒川本流や支流沿いの村々をまわっていた。当時、兄はコウと夫婦だった。コウは、のちに武蔵サンカの大親分、芦田万吉の愛人になる女性だ。斉藤登の不倫の相手でもあった。コウは夫より二十歳ほど年上であった。兄弟とも字が読めなかったが、兄は軍隊へ行っている。弟の方は一時期、軍需工場で働いていた。

戦後、彼らは木賃宿の近くに、それぞれ家を借りて、そこを拠点に近在へ箕の販売と修繕に出かける仕事をつづけた。二人とも村内の女性と結婚し、兄にはたぶん五人、弟には四人の子が生まれている。

右端が斉藤登、中央が小川作次（『サンカ社会の研究』から）

兄の長男は昭和二十二年生まれである。この人が焼身自殺をしたことは、十分に信用できる証言があるので、まちがいない。ただ、その時期や原因については確かめていない。

弟の二、三男も二十代の若さで自死した。ある新聞は二男の死を次のように伝えている。名前は仮名である。

十三日午前六時ごろ、比企郡嵐山町千手堂一五六ノ三、嵐山幼稚園前町道の乗用車の中で、マフラーからビニールホースで排気ガスを車内に引き込み若い男の人がぐったりしているのを新聞配達員が見つけ小川署に届け出た。

調べだと、持っていた免許証から比企郡（九字伏せ）、無職石野芳夫さん（二六）で、すでに一酸化炭素中毒死していた。

石野さんは、さる四月十七日にも現場近くで排ガス自殺を図ったが、このときは発見が早く未遂に終わった。石野さんは「好きな女性にきらわれた」と家人にもらしており、同署は失恋を苦に排ガス自殺を図ったものとみている。

現場は、かつて辰三郎や梅田留吉らがセブリを張っていたところから、いくらも離れていない。この事実になにか意味があるのかどうか、わからない。

かなり漠然としているが、さらに二つばかり自裁の話を耳にした。

(1)武蔵サンカの一団が埼玉県狭山市笹井の入間川の河原でセブっていたとき、すぐそばの切り立った崖の上から仲間の女性が十数メートル下の入間川へ身を投げた。死者の名前も時期も、おぼえていない。(松島始談)

(2)茨城県南部のある村に「梅田」という箕作りがいた。この男は殺人罪で服役したあと、たしか栃木県宇都宮市で路上に寝転んでいて車にひかれて死んだ。箕作りには鉄道自殺や首吊り自殺など悲惨な末路をむかえる者が少なくない。(茨城県筑波山麓に住む、もと箕作りA・Mの話)

この梅田は、梅田留吉の一族である可能性が強い。A・Mのこととともに後述する。

前記『マージナル』第四巻で佐伯修が紹介しているKの手記にも自殺のことが見える。

(3)棚沢大作、年六十七歳。ザボオチ箕直しであった。もと満州国政府官吏であったが、戦後、すべてを失って転落。山窩の群れに入り、箕作りとなって各地を転々とし、賭博で借財を作り、仲間にも見はなされ、八高線《はちこう》に身を投じて死す。(一部、字句をなおした。なお、ザボオチは三角によればサンカの隠語で、一般人がサンカ社会に転入することを意味するという)

(4)箕作《アフリヤ》のヒョウ、この男は酒ぐせの悪さで山窩仲間にも知られ、仲間はもちろん近在の農家から蛇《だ》蝎《かつ》のように恐れられていた。持病の神経痛と酒害にて体を悪くして起きられず、歩行やっと。高崎国斉さま地内で飛込み自殺。悪質恐喝、警察でも一目置くほどの男なり。

Kに情報を提供した武蔵サンカの大島太郎は、Kに「近ごろ自殺する仲間が多い」と漏らしていたという。これは当時、この社会に身を置いていた者のおおかたが感じていたことではなかったかと思われる。

5　吉見百穴の江戸時代住民

二十世紀前半の著名な人類学者、鳥居龍蔵（一八七〇―一九五三年）編集の雑誌『武蔵野』第一巻第一号（大正七年七月刊）に、近藤春夫という人が書いた『武蔵野の漂泊民族』と題する二千字ほどの論考が載っている。要点を引用させていただく。

武蔵野の一角、甲武連山に接した地方並に多摩川の水清く流るゝ、ほとりには今に遊牧の民とも云ふべき「箕作り」なるものが居る。彼は此大正の御代にも一定の住家を持たずに、所謂《いわゆる》水草を逐ふて転々するのである。

「箕作り」は我々の様な家なるものを持たずに天幕生活を営んで居る。天幕と云つても立派な天幕を張るのではなく色々な布や莫蓙《ござ》、蓆《むしろ》の類を以つて小屋を作るのが多く、中には天幕の古物を手に入れて白布の天幕を張つて居るのもあるが、そんなのは極めて少ない。

箕作りなる名称は字を見ても判る通り農家で使用する箕を作つて生活して居るから起つたものなることは云ふ迄もない。彼等は自分で作つた箕を農家に売り歩き、又同時に破れたのを修繕する。彼等は居処を定めるに適当だと認めた小山の麓や森の間抔《など》に小屋掛けをすれば、其処に十日なり二十日なり滞在し其付近を廻つて歩き、仕事が無くなると又他に移つて行く。

顧《おも》ふに彼等は果して如何《いか》なる民族だらうか。我々と祖先を同じくするのだらうか。それとも全く種類を異にするのだらうか。吾輩の考ふる処では何《ど》うも彼等の習俗は我々と祖先を異にする漂泊民族の子孫で、何処からか移住し来《きた》つたものではあるまいかと思はれるが、それも深く研究したのではないから何とも断言する事は出来ない。

ここにえがかれた「箕作り」が、大正七年（一九一八）ごろの武蔵サンカの姿であることは、あらためて断るまでもあるまい。

たしかにそうだと断定できる武蔵サンカの記録は、管見の及んだかぎりでは、これがいちばん古いが、それらしい存在は、さらに二百年以上も前の文献に見えている。

舞台となるのは、これまで何度も名前を出した、埼玉県比企郡吉見町の横穴墓群跡、「吉見百穴《ひゃくあな》」である。久保田辰三郎ら何家族もの移動箕作りが戦後、百穴をセブリ場としていたことは、すでに触れた。彼らが外部の者の目にどのように映っていたのかは、例えば『吉見の百穴』（昭和五十年、吉見町史編纂委員会）の記述から、その一端が知れる。

吉見の百穴（平成17年1月24日）

昭和二〇年八月の敗戦によって、「吉見百穴」の山腹に建設された地下工場の存在意義は終った。多くの動員学生や朝鮮人労務者の汗みどろの労働によって開削された、この巨大な地下工場は、全くその目的を果すことなく無用の長物と化したのである。およそ三〇〇〇人と推定される労務者はやがて四散し、地下工場の諸施設が撤去されると、一時「吉見百穴」は荒涼とした廃墟となった。人影が全くなくなった地下工場では、時折牛馬の密殺がおこなわれ、婦女誘拐や傷害事件等の不祥事件もひんぱんに発生した。横穴墓には浮浪者も住みついて、土地の人々は容易に近づけない状態だったという。（同書五三―五四ページ）

百穴に人間が住みついたのは、太平洋戦争後が初めてのことではない。百穴は明治二十年（一八八七）、鳥居龍蔵の師にあたる人類学者、坪井正五郎（一八六三―一九一三年）らによって発掘されたが、そのころすでに二十二基の横穴が開口しており、少なくともその一部に「乞食」が暮らしていたのである。

先の『吉見の百穴』には、民俗学者、藤沢衛彦《もりひこ》著『日本伝説叢書・北武蔵の巻』（大正六年、日本伝説叢書刊行会）中の『吉見の百穴』と題する一文が転載されている。藤沢の文章は、百穴の「第百六番室」壁面にきざまれていた七個の文字のような彫刻（のち隠滅して現在はない）の「解読」に多くをついやしている。藤沢の研究手法と、それによって得た結論には首をかしげるほかないが、そのこととはべつに興味ぶかいくだりが、この論考に見える。

例の人骨に就いて、私は山麓に伝はる里人の言を聴いた。何時の頃からか、比企・横見を横行する乞食の群があったが、彼等の一団は、常に、何時の頃からか現出してゐた。百穴山麓の七つの横穴に割拠してゐた。其後吉見といふ警部が、松山警察署長に赴任された時代に（明治十五、六年）乞食の群は隣郡に追はれる事になつたが彼等の信仰は、一族の中に死人があつた時、之を一町以内の距離に埋めて置くと、保食神が一年の間君臨ましまし、一族は一年間の安楽を得られると信じてゐたさうだから、流石《さすが》に百穴発掘当時、坪井博士等が、百穴山麓部から発見した彼等の新しき人骨に、時代の相違を認めたのは当然の事であると。

冒頭の「例の人骨」とは、百穴発掘の折り出土した「頭骨・四肢骨の小部分」のことであり、発掘を指揮した坪井も、崩れ土の上に散在していたものは近世の「乞食抔《など》の屍体」であろうと推定していた。藤沢は、その「乞食」について付近の住民から話を聞き、坪井の見解をおぎなっている。

百穴からは古墳時代の遺物のほかに、

・普通の花鋏《はなばさみ》の断片
・南北朝期（一三三六—一三九二年）のものと推定される鏡
・キセルの雁首
・天禧通宝一枚と寛永通宝数枚

などが発見されている。

鏡は大事に扱えば何百年ももつだろう。また、天禧通宝は中国・北宋時代の十一世紀に鋳造された貨幣だが、日本では渡来銭として江戸末期まで使用していた。だから、この出土物だけで中世すでに百穴で暮らしていた人間があったとは言いきれないにしても、江戸時代にここに住んだ者がいたことは疑いようがない。さらに彼らの存在は、文字記録によっても確認できるのである。

『鈴木家文書《もんじょ》』という、被差別部落史の研究者にはよく知られた古記録がある。『部落問題事典』（昭和六十一年、部落解放研究所）から引用して、どのような性格の資料か要旨を紹介しておこう。

埼玉県比企郡吉見町和名《わな》の鈴木芳之助宅に所蔵されていた約三千点に及ぶ江戸時代の古文書。鈴木家は室町時代の中期頃に下和名の地に居住するようになったと推定される。江戸時代には代々甚右衛門の名を襲名し、江戸浅草の弾左衛門の支配のもとで小頭《こがしら》として二十数戸の下和名部落を統率していた。（中略）この『鈴木家文書』は関東における最もまとまった部落関係文書で、関東の部落の姿を浮き彫りにしてくれる。とくに治安維持に携わった長吏の仕事の実態、斃牛馬処理権の実態、二重支配下に置かれた部落と村方の関係、部落と農業、質地獲得の問題などを究明するのに貴重な文書である。

この資料は昭和五十三年までに順次、埼玉県同和教育研究協議会から『埼玉県部落問題関係史料集鈴木家文書』（全五巻）として公刊されている。その第三巻一〇一ページ『寛政八年（一七九六）五月非人小屋由緒記録』に次のように見える。（句読点、振り仮名、西暦年号はすべて、筆者が適宜付記した）

手下角兵衛小屋立始之事

一　当所無小屋古江《いにしえ》は場中村之笊除（何と読むのかわからない。ザルヨケか）と言ふもの笊ヲ持廻り種々悪ねたり致、其頃六道と唱の非人是等大勢相廻ル故、郡中名主会合して此方より呉次《くれし》第而道《だいにてとお》り候物貰ハ各別、右ねたりケ間敷《がましき》もの、類を郡中江不入候様ニ致呉候ハヽ《いたしくれそうらはば》、夏秋両度之穀は不及申《もうすにおよばず》、其外村々高ニ応テ役料可指出と申之頼《これをたのみもうす》といへども無人故不相勤《あいつとめず》。猶又場廻りも不相成、死馬有之節《これあるせつ》も此方ニ而見付候而、又ハ六道共見知らせ来り候節ハ六道共ニ申付取上候なり。左候ハヽ《さそうらはば》、非人小屋ヲ相立、壱ケ月ニ二三度ツヽ観《（ママ）》進ニ相廻シ可申候間、家なミ相応ニ扶持方御出シ可被成《ならるべく》候。然上《しかるうえ》ハ我等共取来り候夏麦三升、秋籾三升ツヽ之処、壱升ツヽ非人小屋江譲り可申候間、其外旦中《だんちゅう》思召之処可遣サレ《つかわされ、》遣《つかわすべく》候。猶又家作祝言仏事等可被遣と申儀定ニ而小屋を可立由《たつべきよし》相聞江、松山非人八兵衛と申者、下小屋ニ致度《いたしたき》心底より再三世話可仕由《つかまつるべきよし》願来ル。然処浅草御役所江願上、細谷村之地内百穴ニ数年住居致候非人角兵衛と言ふもの実躰成者《じっていなるもの》ニ而、場物見付しらせ来り又ハ取上等も致、段々奉公有之ニ而《これあるにて》、是を見立小屋主とスル。
宝永三丙戌《ひのえいぬ》年（一七〇六）四月廿七日、江綱村富士塚ニ初テ小屋ヲ立ル。下吉見領不残《のこらず》御領所ニ而、御代官今井左右衛門様御支配之時也。右非人共川嶋辺より大勢来故、両村堤番ト申江綱村不二塚ニ立ル。

これは寛政八年の文書の冒頭部分だが、宝永年間（一七〇四―一七一一年）ごろからの原記録をひとまとめに書き改めたものであることが表紙書きと、このあと刊本で九ページにわたってつづく記述によって知れる。由緒記録ぜんたいと、鈴木家文書のほかのところも参考にして、富士塚（不二塚）に作られた非人小屋および小屋主角兵衛のことなどを個条書きにしてみよう。

(1)宝永のころまで（鈴木）甚右衛門支配地には非人小屋はなかった。しかし「笊除」や六道《ろくどう》（葬式で棺をかつぐ役のことだが、ここでは物乞いの意）がおおぜい徘徊して「悪ねだり」をするので、村方から甚右衛門のところへ追い払ってほしいとの依頼があった。

(2)ところが甚右衛門の方も手不足で求めに応じられなかった。話を耳にした隣の松山町の非人、八兵衛が自分が小屋を作って、その任に当たりたいと願い出たが、どんな理由によるのか甚右衛門は断っている。

(3)そのうち百穴に数年らい住んでいる非人の角兵衛《かくべえ》という者が実体《じってい》であったので、これを小屋主にして宝永三年、江綱村富士塚に初めて非人小屋を建てた。

(4)角兵衛は百穴にいたときは黒岩村、御所村、和名村、中新井村の四カ村で、五節句やそのほかの祝日に餅もらいにまわっていた。角兵衛は年久しいあいだ吉見領をめぐっていた六道の者であった。

(5)角兵衛は、そのころ場物《ばもの》（馬捨て場に持ち込まれる斃牛馬）を見つけては和名村長吏に知らせたり、場物の取上げなどもしていた。

(6)角兵衛が小屋主になって四年後の宝永七年、倅《せがれ》の佐平治が欠落《かけおち》をする。角兵衛の仕事というのは、おそらく倅の協力なくしては十分につとまらなかったのであろう、小屋は取りつぶされてしまう。

(7)その四日後には、はやくも紋兵衛という男が別の場所に建てられた小屋の主となる。しかし、この紋兵衛も二年後には欠落する。これ以後もずっと、小屋を建てては小屋主が欠落することが繰り返された。定住家屋とそれなりの手当てを与えられていたのに、がまんならないような何かがあったものと思われる。小屋主は代々、角兵衛を名のっていた。

初代角兵衛には息子がいたのだから、家族持ちだったと考えてよいだろう。家族ながら百穴に住み、祝日などに定められた得意場をまわって餅もらいをしたり、長吏（えた）の排他的権利であった場物の処分を手伝ったりしていた。

餅もらいは松島ヒロや、その仲間たちもしていたことである。一種、権利のようなものになっていたらしく、彼らが門口に立つと、その家の人は餅を渡す習慣になっていたようだ。定住農民たちの中には、その餅を「乞食餅」と呼んで、いつでも渡せるように家に置いておく者もいた。大島太郎が戦後、三角寛宅へ持参したという、さまざまな形、大きさの餅も、これではなかったか。箕の販売、修繕の代はたいてい、米や麦で受け取っていたからだ。

角兵衛に、三百年前の武蔵サンカの姿を見ることができるだろうか。鈴木家文書は、そうだといえる確かな証拠にはならない。武蔵サンカとは移動箕作りのことなのに、ここには箕との関連は何も示されていないからだ。

当時、移動箕作りがいなかったとは、ちょっと考えにくいことである。それは明治期になって、ふいに発生した渡世ではあるまい。そのことは、これから述べるつもりである、ほかの地方の事例によってもうかがうことができる。

角兵衛自身は箕作りではなかったかもしれない。しかし、その周辺に箕作りがいたのではないかという想像は許されると思う。歴代の角兵衛の暮らしぶりには昭和時代の武蔵サンカの生態と共通する部分が少なくないのである。

第三章　箕と箕作りの村、箕作りの民

1　箕の用途、種類、製法、工具

箕《み》とは、ひとことでいえば、ちり取りの形をした農具のことである。

近年はプラスチックの代用品が目立って多くなった。街路樹の剪定作業や公園の掃除をしている人などが、ちり取り代わりに使っているのをよく見かける。縦、横とも四十センチから六十センチほどが、ふつうのようだ。

伝統的な農具としての箕も、形はそれとそんなに違わない。ただし大は縦、横百センチ前後、小は三十センチくらいと、地方により製品により、すこぶる多彩である。

箕の本来の用途は、穀物の実と殻《から》（外皮）を振り分けることにある。稲、麦、ソバ、粟《あわ》、稗《ひえ》、キビ、豆類なんにでも使うが、いちばんなじみの深い稲で説明しよう。

稲は脱穀したあと臼《うす》に入れて搗《つ》いたり、古くは莚《むしろ》の上に広げておいて棒で叩いたりして、まず実と殻を離した。乾燥した籾《もみ》に打撃を与えて、殻をはじくのである。しかし、これだけではまだ、実、殻、ごみがいっしょに混じり合った状態なので、その中から実だけを分別しなければならない。その道具が箕である。箕《み》の語源は、ミ（実）だとする説があるゆえんだ。

分別には比重の差を利用する。箕をあおるように振って手前に実を、前方に殻とごみを集めていくのである。その動作のことをアオル、フル、ヒル、フク、サビル、ハギルなどという。地方によって、それぞれ方言があり、複数の言葉が通用しているところもある。これらの言葉を言語地図のように色分けするだけの用意はないが、サビルは西日本に多く、ハギルは新潟県柏崎市で耳にした。ほかの四つは、かなり広い範囲で使われているようだ。本稿では主にアオルを使うことにしたい。

穀物をアオルことができない道具は、たとえ外観がそれらしく見えても箕とはいえない。箕が必需品であった時代を知っている農民はみな、両者を峻別していたが、民俗学や郷土史の学者、研究者にもこのへんのことを十分にわかっていない人は、けっこういる。

例えば、埼玉県秩父市の浦山地区で作られていたミショウギだ。これを箕だとして紹介した著名な学者もいる。たしかにミショウギは、一見したところ箕にそっくりで誤認しやすい。しかし、これはあくまでショウギであって箕ではない。地元の人も、そう言っている。ショウギとは、おそらくソウケ、ショウケ、ソウキなどと同語源の言葉で、笊と同種の道具であり、そのいちばんの用途は「水きり」にある。一方、箕は水がきれてはまずい。もっと目が詰んでいなければ、小さな穀類は目のあいだからこぼれ落ちたり、あいだにはさまったりしてしまうからだ。「水がすくえるような」箕、それが職人たちの目標とした箕であった。

石箕《いしみ》も、よく箕と混同される。石箕とは、ふつう真竹で編んだ頑丈な馬蹄形の道具だが、目が粗すぎて穀物はアオレない。砂利を運んだり、農家なら堆肥まきに使ったりする。鉱山や土木現場で盛んに用いた時期があった。土箕《つちみ》、下衆箕《げすみ》などと呼ぶところもある。竹製で外見は箕に似ているから、竹箕という人もいるが、これは混乱を生じやすい。すべて竹製のアオリ箕が別にあるからだ。

箕は、ちり取り、運搬具、容器、先端がしなるところからジョウゴ（漏斗）の代用品、粒状のものの受け皿、乾燥用具……など、さまざまの使い方がされるが、これらはすべて副次的な用途だと言えよう。茶農家では箕の上で茶の葉をもみ、漁村ではジャコを干したりもした。

箕はまた、祭具、呪具《じゅぐ》としての性格も、もっていた。その使用例は、ここではちょっと列挙しきれないほど多い。ほんの二、三を示すにとどめたい。

正月や五節句などの祝日に餅をつく、それをまず新箕《あらみ》にのせて神にお供えする、これはほとんど全国にゆきわたっていた習俗ではなかったかと思う。南九州などでは、その餅を初誕生を迎えた幼児に踏ませて、すこやかな成長を祈った。静岡県御殿場市では、人が死にかけたり、死んでしまったとき縁者が家の屋根に上がって箕を打ち振るタマヨビ（霊呼び）ということが行われていた。死者の霊を呼び戻そうとする行為である。昭和時代になっても見られた。高知県長岡郡本山町では、葬式のさい田の畔《あぜ》に箕を置き、そこへ茶を入れた盃を並べる、墓地から帰って、その茶を飲むという風習があった。

要するに、めでたいにつけ、悲しいにつけ、箕を祭具、呪具として用いる民俗があったのである。箕の製作にかかわる者は、のちに述べるように、地方によって強弱の差こそあれ、おしなべて賤視の対象になっていた。その集団が作った道具に、人知を超えた力がひそんでいると考えられていたのだ。これには、なにか深い歴史的子細が隠されているはずだが、そのへんについては未詳である。

福箕というものもある。箕あるいは、そのミニチュアの中に七福神の面や、大判、小判、鯛《たい》の飾りもの、松竹梅や鶴亀の模型などを盛りつけた縁起物だ。あちこちの神社の祭礼で、いまも売っていることがある。

箕は弥生時代前期すでに、現今のものと大差ない形で存在していた。奈良県磯城《しき》郡田原本《たわらもと》町の唐古・鍵遺跡から出土した箕が、いまのところ最古のようだ。田原本町郷土資料展示室によると、この箕の材料は不明ということだが、編み方はシガラミに絡めていく「笊目《ざるめ》編み」のように見え、これはこんにちでは笊やびくなどに用いることが多い。弥生前期は通説では二千二、三百年前とされるが、平成十五年五月に国立歴史民俗博物館（千葉県佐倉市）が発表した、弥生の幕開けはさらに五百年ほどさかのぼるという研究報告が正しいとすれば、二千七、八百年前に作られたことになる。

静岡県小笠郡菊川町の白岩遺跡出土の箕は、おそらく弥生時代、確実なところでは古墳時代（四―六世紀）のものである。この箕は保存状態がきわめてよく、現在の桜箕に酷似している。同地方はいま竹箕文化圏に属しているが、かつて桜箕がこの一帯で使われていたことは、まず疑いないのではないか。

東大阪市の鬼虎川《きとらがわ》遺跡（弥生時代前、中期）からも箕二点が出土している。これはどうも腕木（縁《ふち》木《ぎ》）が付いていなかったらしい。腕木なしでは使用に耐えられまいから、付ける前のものが何らかの事情で土中に埋まったのではないか。実測図によると、編み方は「笊目編み」に見える。近年の箕には、この形式のものは、めったにない。このへんについては後述する。

ちり取り型（馬蹄形）の箕は、鹿児島県の種子島、屋久島が南限のようだ。小野重明著『南九州の民具』（昭和四十四年、慶友社）一〇九ページには次のようにある。

ミは奄美の島々では見られない。あってもごく最近入ってきたものである。しかし穀物をミと同じ方法で精選することは行われていてハラ（これはバラの誤植であろう）というごく平たくて縁のついた丸い竹籠を用いている。ミの南限が種子・屋久までであることは重要なことであろう。

『魂のうつわ・箕』（平成八年、埼玉県毛呂山町歴史民俗資料館）の一七ページには、

国内で、こうした片口箕が定着しなかったのは沖縄である。沖縄で穀物の選別に使われるのは「ミーゾーキ」という平たい円形の籠のことで、沖縄の箕に該当するといわれている。

との記述が見える。

沖浦和光著『竹の民俗誌』（平成三年、岩波書店）の四七ページには一枚の写真があり、そこに「箕を使うダヤク族の女性」の説明が付いている。ダヤク族はインドネシア・ボルネオ島に住むが、写真の女性が手にしている「箕」は、奄美のバラや沖縄のミーゾーキにそっくりである。

一方、朝鮮半島や中国の箕は、ちり取り型だ。これらの事実は、ちり取り型が北方から伝播してきたことを示唆していると思う。そうして渡来時期は、少なくとも二千数百年前ということになるだろう。

箕は用途（穀箕《こくみ》、茶箕、粉箕《こなみ》など）や、産地、形状、大きさなど、いろいろの基準によって分類できるが、いちばん意味のある分け方は材料と製法によるものだと思う。

この基準では、箕は藤箕系の箕、竹箕、皮箕の三つに大別できる。それは材料の違いとともに製法の差にもつながっている。

▽藤箕系の箕

藤箕を典型とし、それと同じ作り方をする箕である。材料によるヴァリエーションが、すこぶる多い。

藤箕とはタテに藤、ヨコに竹類を使った箕のことである。ここでいうタテ・ヨコは製品になったとき、手に持って体と垂直の部分をタテ、平行の方をヨコとしている。藤箕系の箕はすべて、機《はた》で布を織るように織って作り、そのさいはタテとヨコが逆の位置になる。つまり、竹類を経《たて》、藤を緯《ぬき》に織っていく。しかし、ややこしいので完成品の外観をもとにタテ・ヨコを区別しておきたい。

藤は山野に広く自生するマメ科の落葉樹である。初夏に淡紫色または白色の花をつける。公園などでよく藤棚から紫色の花房を垂らしている、あの植物だ。蔓《つる》は強靭な繊維質に富んでいて、それゆえ古くから衣服に利用され、藤衣《ふじごろも》などの言葉になって残っている。

箕のタテに用いる場合、白っぽい内皮（いちばん外の黒っぽい皮のうちら側にある）だけを二、三層にうすくそぎ離すやり方と、皮も芯もいっしょに木槌で叩きつぶし、いったん「のしいか」のようにしたあと適当な幅に切りそろえる方法と二つある。これは産地により、くっきりと色分けされている。

藤箕と腕木を付ける前の「板」。千葉県八日市場市で。(平成13年4月8日)

藤箕のヨコには、篠竹《しのだけ》、根曲り竹、スズタケ、真竹などを使う。これも産地ごとの特徴になっていて、一つの地域であれこれ何種類も利用するわけではない。

タテに藤ではなく、山桜の皮を織り込んだのが桜箕である。桜の皮は藤よりも固いが、その点を別にすれば、扱い方が似ていて両方とも作る産地もある。また、藤箕の先端などを桜で補強することは、どこででもごく一般的に行われている。藤が半分、桜が半分といった箕もある。

鳥取県西伯《さいはく》郡西伯町の箕作り村では、タテ材としてアカマツ(ほかのマツでもかまわない)の幹を厚さ一ミリほどに薄くそいだ板(コアと呼ぶ)を使っていた。藤箕、桜箕にならえば松箕ということになる。ヨコは篠竹である。松箕は山陰地方の東半分では、もっともよく知られた箕であった。

東北地方の、とくに北部でも、木の幹をテープ状にそいで材料とする箕が主流となっている。ただし

竹箕と、その箕作り用工具。高知県土佐市の箕作り村で。（平成15年４月９日）

山陰とは使う木がぜんぜん違ってイタヤカエデ、ウリハダカエデ、ヤマウルシ、シラクチなどであり、それを藤や桜、柳の皮、根曲り竹などと織り合わせたり、ところによってはタテ・ヨコとも木の幹を用いる。その組み合わせにより東北北部だけで軽く十種を超える箕がある。東北北部の箕作り村では、それぞれが少しずつ異なった形式の箕を生産している（あるいは、いた）が、作り方も完成品の外観もかなり似ていて、どこか特定の地域から伝播していったような印象を受ける。

▽竹箕

藤箕も桜箕もヨコに竹類を使うので、それも引っくるめて竹箕と呼ぶ民俗研究者も多いが、ここでいう竹箕はタテ・ヨコとも竹、それもほとんどは真竹でできたアオリ箕のことである。竹製の石箕（既述）は含めない。

竹箕は、たいてい真竹を網代編《あじろあ》みにして作る。網代編みは、ふつう同質、同形の材料を互い違いに組んでいくから、藤箕のようにタテとヨコで材料も見た目も異なるということがない。タテとヨコの区別がないのである。ただし完成品ではタテ・ヨコを四十五度、斜めに回転させたような竹箕が広く見られる。したがって外観によりタテヨコ編みと斜め編みの二つに大別できる。

竹箕には、小型で安直に作られた印象のものもあれば、大型で精巧をきわめた製品もある。つまり、手間のかけ方による差が、藤箕系の箕にくらべて、うんと大きい。これは産地にもよっているようだが、高級品と普及品の違いともいえると思う。

竹箕は西日本が本場である。わたしは四国では、まだ竹箕以外の箕を目にしていない。使われていなかったと言うつもりはないが、たとえあったにしても、かなり珍しかったのではないか。竹箕は、ぽんと飛び離れたように、新潟県北部でも作っていた。おそらく、このへんが北限らしく、東北、関東地方ではいまのところ確かめていない。

藤箕系の箕の産地や職人が、ほかの竹細工にかかわっていた例は、ほとんどなかったようだ。まれにあっても（長野県戸隠村など）、それは箕の需要が急減して竹細工の方へ鞍替えした結果によっている。逆に竹細工職人が藤箕系の箕を作っていた例も、皆無に近いように思える。双方は、まるきり別系統の技術とみられる。

一方、これが竹箕になると、ずいぶん様子が違う。竹箕は、竹細工の村で盛んに作っていたし、いまも作っている。しかし、竹箕の箕作り村といってよいところ（香川県三木町など）もあり、そこではほかの竹細工は、少なくとも以前は、ほとんど生産されていなかった。また、ある竹細工の村（高知県土佐市）では、とくに腕の立つ職人が箕作りに当たるのが通例だったということを耳にした。

▽皮箕

皮箕《かわみ》とは、大きな木の皮一枚か、または二枚を縫い付けたものを、ボール紙でも折るようにして作った箕のことである。

材料はサワグルミが一般的だが、ケヤキを使うこともある。それらの、かなり大きくなった立ち木に、刃物でぐるりと二本の切り込み線を上と下に平行に入れる。そのあと縦の切り込みを入れて引っぱれば、樹皮がカパッと外れるという。木の大きさによってまちまちだが、一辺が小は五十センチほどから大は一メートルを超す正方形の一枚皮が得られ、それを箕の形に折り曲げて腕木（縁木）を付けるのである。

皮箕は限られた地域でしか使われていない。最も顕著な皮箕文化圏は、おそらく福島県の会津盆地と、その周辺であろう。そこでは箕といえば、皮箕を指している。ほかに秋田県南部、山形県北部、群馬県の赤城山北東麓などにもあった。材料の関係であろう、後背に落葉樹の原生林をかかえた地方が多いようだ。

後述するように、藤箕系の箕にしろ、竹箕にしろ、ふつうの農民が自製することはなかったといってよいが、皮箕は自分たちで作った山村住民もいたようだ。見よう見まねでできるからに違いない。皮箕は代用箕として作られはじめたふしがある。ひょっとしたら、大木の知識に詳しい木地屋が広めたのかもしれない。ちなみに会津地方は全国屈指の木地屋集住地であった。

ブリキ製の金箕《かなみ》や、杉などの板をちり取りの形に釘付けした板箕が、代用箕であることはいうまでもない。

奥会津歴史民俗資料館（福島県田島町）所蔵の皮箕。左端上部の１枚だけは藤箕だが、これは近年、この地方へ持ち込まれたものである。（平成15年５月９日）

藤箕系の箕の作り方は、機《はた》で布を織る方法によく似ているが、その逐一を記すことはひかえておきたい。とても複雑であるうえ、技術論にわたりすぎて退屈でもあるからだ。ここでは藤箕を例にとって、ほんの基本を述べるにとどめたい。

藤箕といっても、いろいろある。いちばん多いのはたぶん、藤の皮と篠竹のヒゴを織り合わせたものだと思う。藤の皮は外側の黒っぽい皮（アマカワとかクソカワと呼ぶ）のうちらにある内皮を使う。ただささえ薄い内皮を、さらに二、三層にそぎ離すと、ざらざらしたテープのような形状になり、これがタテ材である。一方、篠竹は、ふつう四つ割りにして、これも薄くそぐ。シノのヒゴは藤皮よりつやつやして、幅の狭いテープのようになり、これはヨコ材に用いる。

次にヒゴを数十本、一本おきに上向き、下向きと互い違いに、ぴったりとすき間なく縦方向に並べる。機でいえば、これが経《たて》に当たる。そのあいだに藤皮のテープを緯《ぬき》を通すようにはさんでいき、一回ごとに木太刀のような道具で、とんとんと目を詰める。そうやって、まず凸《とつ》字のような形の「板」を作り、それをちり取りの格好に折り曲げて腕木を付けるのである。

箕の各部の名称は地方ごとに、さまざまである。関東地方の一部では、底の平たいところをミゴロ、両わきのせり上がった部分をソデ、手前の垂直に立った壁をアクト、先端をミサキと呼ぶ。また作業のさい、藤皮をきっちりと詰めていく木太刀のような道具をオサ（筬）という地域もある。ミオリ（箕織り）、ミゴロ（裑）、ソデ（袖）などと合わせ、衣服を織ったり縫ったりするときの用語と共通した言葉だ。これは藤箕の起源が、藤衣《ふじごろも》や藤太布《ふじたふ》の応用であったことを暗示しているのかもしれない。鳥取県西伯《さいはく》町の箕作り村は江戸時代、藤太布の産地でもあった。

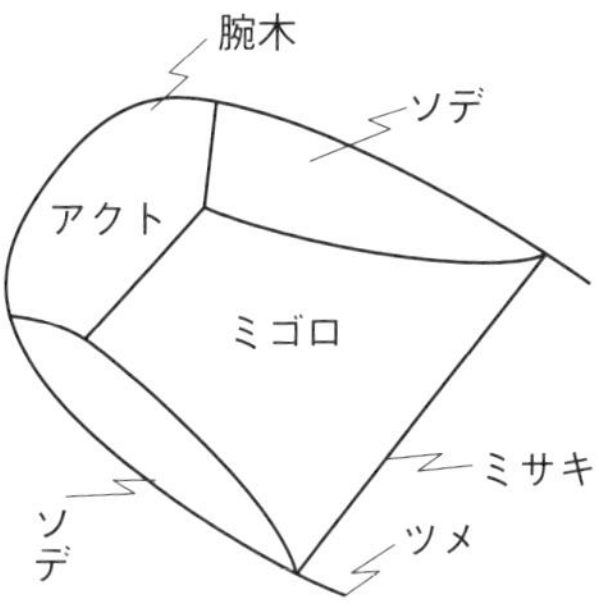

桜箕、松箕、イタヤ箕、シラクチ箕……藤箕系なら、どれをとっても織り方に大きな違いはない。

しかし、竹箕は製法が全く異なる。竹箕は一般に、真竹や淡竹《はちく》（クレタケ）の表皮をうすくそいだ、やはりテープ状だが、篠竹のそれよりはもっと幅広のヒゴを材料にする。それを網代編みに絡めていくため、タテとヨコの区別がないことは前に述べた。

箕作りに必要な道具は、そう多くない。刃物にかぎれば、竹箕で鋸《のこぎり》、鉈《なた》、小刀、錐《きり》の四種、藤箕、桜箕では小刀、芯通し、ツバグチの三種で用が足りる。

鋸は真竹、淡竹など大型の竹を横切りにし、鉈は縦割りにするさい使う。鋸、鉈は東北北部の木の幹を材料にする箕作りでも必需品になっている。錐と芯通しは、腕木をヤマブドウの蔓のような繊維質の紐で「板」に縫い付けるときなどに、ツバグチは藤や桜皮のテープを狭いところへ差し込む折りに用いる。

箕作りの道具が少なくてすみ、どれも小型のものだということは、これを生業とした移動生活者にとって便利なことであったに違いない。しかも錐や芯通しは、先が鋭く尖っていれば小刀で代用できないことはない。藤箕や桜箕なら鋸、鉈はなくてもすむ。ぎりぎりのところ小刀一丁で職人としてやっていけるのである。そうなると、小刀は当人のみならず、家族ぜんぶの命のささえであり、ただの道具を超えた存在となり得る。

しかし、片刃の刃物では平凡すぎ、むろん大事にするにしても、ある特定の集団にのみ固有の象徴としては意識しにくいということがあったかもしれない。そこへいくと、両刃はきわめて特異な形状をしており、自分たちだけのものだと考えやすかったのではないか。両刃は、第五章で述べるように芯通しの幅を広くした刃物が起源になった可能性があり、もしそのとおりであるなら、この事情が箕作り集団の一部にウメアイという道具を神聖視させるにいたった動機であったように思われる。

ただし、この刃物をそのようにみなしていたのが箕作りの全体に及んでいたのかについては、おおいに疑わしい。ウメアイなる工具を発明し、使用し、象徴として扱っていたのは、あくまで一部の箕作り集団だけであったと思う。

2　箕作りの村の話

静岡県御殿場市川柳《かわやなぎ》は富士山東麓、標高六百メートル前後の緩斜面に位置する、三十数戸の村である。川柳の世帯数は江戸中期から現在まで、ほとんど変化がなく、この三百年ほどのあいだに、わずか数軒の増加をみたにすぎない。

川柳は古くから箕作りの村として知られていた。昭和三十年代の半ばごろまでは、三十三戸のうち二十九戸で箕を作っていたが、いま（平成十四年春）はほんの二、三人が頼まれたら作る程度になってしまった。

最盛期の生産量は、大正十五年（一九二六）の村の記録によると、年間「二万有余枚」であったという。一戸当たりで千枚弱となる。「一家で年に千枚」は、藤箕の箕作り村でしばしば耳にする数字である。藤箕一枚の現在の小売り値は一万円前後、卸値で六千円ほどがふつうだから、こんにちの貨幣価値でいえば、年収六、七百万円といったところであろうか。

織り上げた箕は、古くは各人がそれぞれ売り歩いたが、昭和になってからは三島や沼津の問屋へ卸すことが多かった。川柳の仲買人を兼ねた家が村内で作った箕を集め、荷馬車で三島、沼津などへ運んだのである。そのさい二十五枚を一本といい、おおむね八本（二百枚）を一駄とした。仲買人は箕を卸したあと塩や砂糖などを馬車に積んで帰り、村の需要を満たす役目もになっていた。

川柳は、もとから農とはほとんど無縁の村であった。宝永五年（一七〇八）の『指出帳《さしだしちょう》』には、村高十石二斗二升六合（ほかに新田十七石一斗余）、家数二十九軒、人口百六十四人で、そのうち無田が十七軒と記録されている。新田と合わせて二十七石余では、自給を満たすにもほど遠かったことだろう。農中心の村であれば、少なくともこの十倍の収穫がなくては生きていけまい。また三分の二近くが「無田」となっているが、これは正確には「無畑」であった。川柳は水利が非常に悪く、明治初年まで一枚の田んぼもなかったからである。村高も米換算の数字であった。

村民は箕作りを事実上、唯一のたつきとしていた。彼らは製品を背負って各地へ行商に出ていた。その通り道は「箕売り道」と呼ばれ、どこを縫っていたのか郷土史研究者のグループによって、おおよそは特定されている。「箕売り道」は、「十分の一役所」（領外へ出される商品に対して一割の税を課し、それを徴収する番所）を避けて通っていた。番所は伊豆島田、水窪《みずくぼ》（ともに裾野市南部）にあり、ほかに十里木（同市西部）や須走《すばしり》（駿東郡小山町）にもあったようだ。この税金のがれは役所の知るところとなり、川柳の箕売り人は正徳二年（一七一二）、役所へ次のような詫状を差し出さなければならなかった。（『御殿場市史』第二巻「川柳新田」所収）

証文の事

一、此度我ら共箕の儀につき、粗相なる儀申、御腹立ちごもつともに候、よつて御定の通につかまつり候間、御堪忍くださるべく候事、

一、箕の儀、他所へ出候節、その節々にて御十分一たしかに差上げ申すべく候事、

正徳二年辰の五月

川柳新田

左右衛門㊞　他

川柳の開発は承応三年（一六五四）のことだといわれる。すぐ南東側の永塚村から分かれてできたという伝承がある。先に挙げた宝永五年（一七〇八）の戸数と村高から考えて農を目的にした立村でないことは明らかだ。開発時期が本当にこのとおりなら、わずか半世紀で百六十四人もの人間が、耕地と呼べるようなところはないにひとしい、溶岩だらけの斜面で暮らしはじめたことになる。以来こんにちまで村民が箕作り以外の、これといった生業に従ったふしがない。ここへ移住した人びとは、初めから箕作りの集団であったとみるのが、すなおではないか。

永塚は、遠江《とおとうみ》国の勝間田城（現静岡県榛原《はいばら》町）に拠っていた豪族、勝間田氏が文明八年（一四七六）、今川義忠に滅ぼされたあと、旧臣たちが富士山東麓へ落ちてきて開いたと伝えられている。この話は、いくつかの状況証拠によって、大筋としては史実とみなしてよいと思う。この系譜に連なる人びとは、永塚でも川柳でも、また少し南西の印野《いんの》でも、みな勝間田姓を名のっている。『御殿場市史　別巻資料編』（昭和五十七年）四六六ページによれば、江戸時代には永塚でも箕を作っていたということである。

川柳には勝間田姓のほか大胡田《おおごだ》、土屋の姓があり、前者の先祖は神奈川県足柄上郡山北町の世附《よつく》から、後者は御殿場市の清後《せいご》から来たといわれている。これが誤りでないなら、三つの集団が寄り集まって村落を形成したことになる。何が、彼らを結びつけたのだろうか。三グループとも、もともと箕とかかわっていたのか、それとも、どれか一つの生業が他へ波及したのだろうか。はっきりしたこと

新潟県柏崎市女谷《おなだに》に伝わる綾子舞。女谷は箕作り村でもある。(平成14年9月15日)

はわからない。

大正年間までは、川柳で「両刃のコガタナ」を使っていたことは、第五章で述べる。

わたしは、これまでに三十数カ所の箕作り村を訪ねた。きっちりしたことを言うには十分な数ではないが、そこでの見聞のあいだに気づいた箕作り村の特徴を思いつくままに列挙しておこう。

①立地条件でみれば、農業とくに米作には不向きな土地がほとんどである。深山幽谷に孤立したような村は少ないが、たとえ農業地帯にあっても水利の便が悪い山腹とか丘陵の上が多い。ただし竹箕の村では、逆に水損をこうむりやすい場所が目立つようだ。

②戸数は、だいたいが数十戸、まれに百戸を超す。生業は箕作りをもっぱらとし、ほかの竹細工にたずさわっているところは、藤箕系の村では、まずなかった。それよりはむしろ、鋳物師《いもじ》とか砥

石採りのような全く別系統の工人集団を兼ねていた例が見られる。

③箕作りを伝えたのは半僧半俗の宗教者、落武者などの旅人であったという伝承が、たいていの村にある。とくに流浪の宗教者とのかかわりを示唆していることが多く、それをはっきり証明できるところもある。

④特異な民俗芸能を、いまに伝えている村がいくつかある。その好例として新潟県柏崎市の女谷《おなだに》、折居《おりい》の綾子舞《あやこまい》（国指定の重要無形民俗文化財）を挙げることができる。綾子舞は、歌舞伎の創始者とされる出雲の阿国が「かぶき踊り」以前に演じていた「ややこ踊り」にそっくりの芸能で、芸能史の研究者には、その由来に関心を寄せる人が少なくない。

⑤ある一定の割合で被差別部落と重なり合っており、その重複率は西日本において高く、東日本で低い。また部落ではなくても、周辺地域から、縁組みなどで差別を受けていたところもある。一方で、宮城県黒川郡大和町宮床《みやとこ》のように、武士身分の者たちが箕作り集団を形成していた例も見られる。

箕作り村の起源について、そのいきさつを語った文字資料は、ほとんどないようだ。各地方自治体が発行している郷土史誌類では、耕地の乏しい村の住民が、なにかのきっかけで箕の製作技術を身につけ、副業としてやっているうちに専業化したらしいという推測を述べていることが多い。あるいは、そのような事例もあったかもしれない。

しかし、それだけではなかったと思えるふしがある。例えば、のちに記すように白山神社を氏神とする村がいくつもあるのはなぜか、副業が発展したとする解釈では説明がつかないのではないだろうか。また、最初の定住者は箕作りを生業とする人びとであったに違いないと考えられる地名もある。

「みづくり」「みつくり」を名にした村々が、それだ。角川書店の『日本地名大辞典』の索引には次の六カ所が記されている。

・静岡県下田市箕作
・福島県大沼郡会津高田町箕作
・愛知県西加茂郡藤岡町御作《みつくり》
・長野県下水内郡栄村箕作
・滋賀県蒲生郡安土町箕作山
・高知県長岡郡本山町本山箕造

わたしは、いずれの場所も少なくとも一度は訪ねている。取材不足ということがあるかもしれないが、このうちあとの三カ所では箕作りとのかかわりを見つけることはできなかった。地名からみて箕の製造と無縁であったとは思えないので、かなり早い時期に生業を変えてしまったのではないだろうか。

初めの三つのうち、静岡県下田市の箕作は典型的な箕作り村である。ここのことはあとで述べることにしたい。

福島県会津高田町箕作は、白虎隊の若松城跡から南西へ十キロ余りの山合いの村である。江戸中期いらいずっと二十戸前後で推移し、現在（平成十四年春）に至っている。箕作では、もう長いこと箕は作っていない。が、それらしい伝承が残っている。

この村の人びとは昔、現在地よりもっと南の古箕作沢《こみづくりさわ》と呼ばれる土地に住んでいた。そこで狩りをしたり、椀や箕を作って暮らしを立てていたが、ある年の洪水でほとんどの家が流されたため、いまの場所へ移住してきたという。そのさい狩りをする者（このあたりではゲンナイまたはゲネと呼んだ）は東隣りの袖山《そでやま》へ落ち着き、椀や箕を作る住民は箕作に居を定めたと伝えられている。古箕作沢には現在も人家のあった跡が段々になって残っているので、これは決して荒唐な話ではない。伝承の片言隻句にとらわれすぎるのは危険だが、「椀を作る」というのは木地屋のことに相違なく、かつての箕作の住民は木地屋と箕作りを兼ねていたのではないか。

高田町の郷土史家、馬場守生によると、箕作には以前、谷沢喜代志という箕職人がおり、その人が作った箕を馬場家でも四、五十年前まで使っていたということである。馬場の記憶では、その箕はどうも会津一帯に広く見られた皮箕とは違って、杉皮を織り込んだものであったらしい。もしそのとおりなら、藤箕系の箕であった可能性があるが、はっきりしたことはわからない。いずれにしろ、ここの地名が箕の製作に由来することは、まちがいないと思われる。

愛知県藤岡町の御作《みつくり》は、「箕」の字は用いていないが、べつに文字にこだわることはない。地名では、とんでもない漢字を宛てる例が、いくらでもあるからだ。この地名は室町時代に「ミツクリ」として見えるのが資料上の初出らしい。

御作はいま、犬伏川と木瀬川が合流するあたりを含む、かなり広い地域の大字名《おおあざ》となっているが、もとは犬伏川上流の小地名であったようだ。現在の字井ノ向《いのむこう》に当たるのではないか。国土地理院の五万分の一地形図には、そのへんを「御作」としており、また井ノ向のわきには「御作橋」がかかっている。

井ノ向は、ほんの五、六戸の集落である。そのうちの一軒、Nという家で平成十三年の秋、八十三歳の女性からうかがった話によれば、かつて井ノ向に一人だけ藤箕を作る人がいた。その人は隣村、小原《おばら》村の乙《お》ケ林《かばやし》へ養子にいき、そこで箕作りを習い、のち帰村して箕を作っていたが、しばらくして同じ藤岡町内の別のところへ移住した。Nと箕職人は小学校の同級生だというから記憶に誤りはないだろう。

乙ケ林は、御作（井ノ向）から北方へ五キロほどの箕作り村である。山中の小盆地に、いま三十数戸が点在している。昭和の初めごろまでは、ほとんどの家が藤箕の製作にたずさわっていた。藤岡町や小原村の山間地は歌舞伎の盛んなところだが、乙ケ林もその例に漏れない。村の氏神の白山神社境内には、かつて回り舞台と花道を備えた歌舞伎舞台があった。すぐ近くに鍛冶屋敷とか猿楽《さるがく》とか、工人や芸能者集団の土着の跡をうかがわせる地名も存在する。

御作生まれの人間が乙ケ林へ養子にいったという事実は、この二つの村に縁組を通じたつながりがあったことを示しているのではないか。たった一例しか把握していないので速断はひかえたいが、その可能性をいちおうは想定できるように思う。

ついでながら、藤岡町北方の三国山（七〇一メートル）は、柳田国男が『「イタカ」及び「サンカ」』（『定本柳田國男集』第四巻四八二ページ、筑摩書房）で次のように記した山である。

広瀬（寿太郎・岐阜県大垣警察署長）氏の談に尾張三河美濃三合の境に三国山と云ふ松山あり。或時此山中にサンカの大集合あるを見たり。小屋の数は百を超え炊煙の盛なること夏季の軽井沢比叡山の如くなりき。而して此の如き大部落は永く継続すること無く略〻二三日を以て散じ去るものなるが、後に及び毎年一回此地に於て会をなし仲間の婚儀を行ふものなることを知れり云々。

また、「みうち」（箕打ちの意）の地名も「みづくり」と同じ趣旨の命名ではないかと考えられる。箕や莚《むしろ》を織ることを「打つ」「ぶつ」とも言う地方は、あちこちにある。木太刀のような道具で、とんとんと目を詰めていく作業によっているのではないか。

栃木県や茨城県の一部では、いまでも箕作り職人のことを「ミーブチ」と呼んでいる。莚については、鎌倉時代成立の『東北院職人歌合《うたあわせ》』の七番に「筵打《むしろうち》」の職人名が見える。

・茨城県岩井市莚打

この地名の由来については説明を要しまい。資料上の初出は戦国期である。

「みうち」の地名は全国で十カ所ほどが数えられるが、ここではそのうちの二、三を記すにとどめたい。

(1)石川県羽咋《はくい》郡高松町箕打　昭和十三年発行の『能登志徴』に「いにしへ、此地より箕を作り出したりし故に、村名に呼べるなるべし」と記されている。白山神社が氏神である。

(2)富山県氷見市見内《みうち》　平地に乏しく、ほとんどが山地であり、江戸時代から莚やござの製造が重要な生業になっていた。昭和三十年代に入ってすたれた。箕とのかかわりは、はっきりしない。

(3)鳥取県西伯《さいはく》郡会見《かいみ》町御内谷《みうちだに》　箕作りとの関係は明らかでないが、この村には「念仏踊り」が歌い踊りつがれている。念仏踊りは、空也（九〇三—九七二年）の宗徒と結びつきの強い芸能で、茶筅《ちゃせん》作

下田市箕作の砥石場。正面の岩を砕き採って砥石に仕上げる。（平成14年２月27日）

りなどの竹細工に従事した山陰の鉢屋《はちや》はみな、空也ゆかりの者であるとの口碑を伝えている。単に「み」という地名もある。

・茨城県久慈郡金砂郷村箕

これが箕作りとかかわりがあるのかどうか、わからない。

静岡県下田市の箕作は、伊豆半島の南部、下田港の北方五キロほどにある。現在は百二十戸余り、幕末の天保十五年（一八四四）で家数七十六、人数三百二十一と記録されており、古くからかなり大きな村であった。戦国期の『役帳』に小田原北条氏の家臣、渡辺次郎三郎の所領役高として「百廿貫文　同（豆州）箕作」とあるといい、これが資料上の初見のようだ。

わたしは、ここを何度か訪ね、十人ほどの人に話をうかがった。平成十三年の夏、村の日枝神社で出会った大正元年（一九一二）生まれの女性が、いちばん高齢であった。彼女は二十一歳のときに近くの相玉《あいたま》から嫁に来たが、その当時は、どこの家でも藤箕を作っていたという。彼女の婚家も、むろんそうであった。箕作はやはり、まぎれもない箕作り村だったのである。

この事実と地名から考えて、当村の開発者は箕の製作を生業とする職業集団ではなかったかとの想定は、十分に理由があることだといえよう。しかし、そのへんのことを記した文字資料は、なに一つない。だから、確かなことはわからないといえば、わからない。文献類にたよるかぎり、話はここから一歩も進まない。そこで、ここではもっと別の手がかりによって、村の起源をさぐってみることにしたい。

私見では、村の東端の米山薬師《よねやま》という、ちっぽけな薬師堂が箕作の起源と深くかかわっている。米山薬師は、木の間《こま》すかしに伊豆の海が望める標高百五十メートルほどの山上にあり、麓には「日本三大薬師」と書いた高さ五メートル近い看板が立っている。そばの説明文には「僧行基の開山で越後、伊予の薬師寺とともに日本三大薬師の一つに挙げられる。云々」とある。箕作の住民には失礼ながら、これは少々ふろしきの広げすぎだというしかない。ここの米山薬師の堂宇は、ひとかかえよりちょっと大きい程度にすぎず、どんな基準に照らしても「日本三大」はおおげさで、南伊豆の三大薬師に入るかどうかも心もとない。だが、そこにかえって村人の、このお堂に寄せる思いの深さがあると言えるかもしれない。

米山薬師は単なる信仰の場ではなかった。それは背後の砥石山の採掘権を主張し、盗掘を防ぐための監視施設として建立された、と思われる。本堂の裏手七、八十メートルばかりのところに良質の砥石場があり、そこでの砥石採りが長いこと村民の、もう一つの生業になっていたのである。けれども本堂のあるあたりは山上で水を得にくい。居住には不向きであったから、砥山の監視役は北へ四百メートルほど下った、小さな沢のわきに家を構えて毎日、薬師さま、つまり砥山へ通っていたのだった。

山中深くの、その場所を箕作の人たちは、いま元屋敷と呼んでいる。元屋敷には、かつて三軒の家があった。いずれも矢田部姓を名のっていた。その子孫は現在、箕作に住み、屋号を「坊太郎」という。坊太郎の「坊」は坊主の坊、僧坊の坊で、この場合は米山薬師を指しているに違いない。薬師さまの監視役の意であろう。三家ともが坊太郎では区別がつきにくいので上坊、中坊、下坊と呼ぶこともある。

箕作の鈴木伊勢松（大正十年生まれ）は上坊の出である。鈴木姓を名のっているのは、同じ村の鈴木家へ養子に入ったためだ。

伊勢松は箕作りであり、砥石採りでもあった。双方を兼ねる者が、かつては村にたくさんいた。砥石は一年ごとに村に権利金を納めたうえで採ることになっていた。古くは入札をしたこともあった。伊勢松が砥石を採っていたのは昭和六十年ごろまでで、その最後のころで権利金は年に五万か十万円かであったという。山へは年に十回ほど入り、一回に六十キロ前後を切り出しては、それを製品に仕上げて伊豆半島の南部一帯を売り歩いた。行商は春は砥石、秋は箕と分けていた。ほかに三反ばかりの山田を耕し、牛も飼っていて年中、仕事に追われていたのだった。

平成十四年二月二十七日、わたしは伊勢松の案内で米山薬師、砥石場、元屋敷などを歩いた。この年の正月、まだ松の内も明けないのに、いきなり伊勢松を訪ね、いろいろ話をうかがっているうち、「そんなら今度、いっしょに山へ登りましょう」と言っていただいたのである。氏は、このとき八十一歳であった。

元屋敷には石垣や、小さいわさび田の跡が残っていた。矢田部家の人たちが、いつごろまでここに住んでいたのか、よくわからない。伊勢松が子供のじぶん、すでにそこに家はなく畑になっていた。伊勢松によれば、元屋敷の下の方に十基ほどの墓石があり、それには江戸時代の年号が刻まれていたという。わたしは、その年号を確かめたいと思い、二人であちこちさがしたが、一帯はブッシュにおおわれていて、とうとう見つけることができなかった。

伊勢松の語るところでは、矢田部三家の者は砥石場の見張り役であった。薬師堂は、砥山への南からの入り口をふさぐような位置に建っており、坊太郎の名で呼ばれていた人びとは表向き薬師さまの堂守をよそおいつつ、じつは砥石の盗掘を防ぐ任務を負っていたのである。お堂の正式名を砥石山米《べい》山寺《さんじ》というのも、ゆえないことではない。砥石採りたちはよく本堂前の広場に寄り集まり、酒を飲みながらなにかの相談をしたり、夜っぴてばくちに興じたりしたと言い伝えられている。

この山で最初に砥石場を見つけた人たちが、米山信仰と深くかかわっていたことは、まずまちがいあるまい。米山信仰は、新潟県柏崎市と同県中頸城《くびき》郡柿崎町との境にそびえる米山（九百九十三メートル）山上の米山薬師に由来している。越《こし》の米山は、加賀白山の開創者、泰澄《たいちょう》（おそらく架空の人物である）の開基と伝える、この地方屈指の名刹であり、広く信仰の対象になっている。

信者が多いぶん、それによりかかって暮らしを立てていた半僧半俗の宗教者も少なくなかった。彼らのことを、このあたりでは、近世以降、「里山伏」と呼んでいた。里山伏は米山のお札を配ったり、信者に代わって米山へ代参したり、米山に自生する当帰《とうき》（セリ科の薬草）を販売したりしていたのである。

米山信仰を背に負った宗教者の足跡は越後にとどまらない。『米山信仰』（平成十年、柏崎市立博物館）によると、次の例はいずれも、彼らを介して全国に広まった「外なる米山」であるという。

(1) 新潟県両津市（佐渡島）下久地の米山
(2) 岩手県宮古市津軽石の米山
(3) 埼玉県秩父郡吉田町塚越の米山
(4) 静岡県下田市箕作の米山
(5) 鹿児島県姶良《あいら》郡姶良町鍋倉の米山

柳田國男の『俗聖《ぞくひじり》沿革史』（『定本柳田國男集』第二十七巻二七一ページ）に見える神奈川県小田原市成田《なるだ》の米穀《べいこく》山米穀寺も、おそらくその一つであろう。

足柄下郡成田村には、米穀山米穀寺と云ふ珍しい名の時宗の寺があつた。本尊は昔越後の米山から負うて来たと云ふ薬師仏を安置し、住僧と云ふものが無くて、磬打《かねうち》の金阿弥なる者が境内に住んで守護して居た。此家には第三十世の遊行上人が、慶長十九年（一六一四）に出した一通の文書を伝へて居た。其文言に依れば、諸国所々の磬打座衆は遊行の客僚として末代に事《つか》へ、契約に違ふべからざるの趣、後証の為印手を以て一行を書き与ふるもの也とある。

里山伏、磬打（鉦打）、遊行聖、俗聖……どんな名で呼ぼうと、要するに諸国を巡歴、流浪していた半僧半俗の宗教者が、工人や芸能者を兼ねていた例は、いくらでもある。彼らの中には鉱山とか細工物の知識、技術を身につけている者もいた。伊豆の南端近くで白砥《しらと》の山を発見し、その近くに定住して薬師堂を建立したのが、どのような人びとであったのか、おおよそは想像できるように思う。彼らが同時に箕作りの集団でもあったということは、おおいにあり得ることだ。ただ、それを裏付けるどんな文献も、残っていない。

3　東北地方のテンバ

柳田國男が『人類学雑誌』の明治四十四年（一九一一）九月、十一月、翌年二月の各号に、三回に分けて発表した論文『「イタカ」及び「サンカ」』中に、次のような一節が見える（『定本柳田國男集』第四巻四八四ページ）。わたしには前々から、とくに気になっていたくだりである。

又東北地方にても磐城相馬郡の石神村などに毎年来住する数家族あり。二宮徳君の談に此村の外山には山腹には十数の土窟あり。村民此穴より煙の出づるを見て、今年も来て居ることを発見す、此地方にては之をテンバと云ふ。サ、ラ又箒《ほうき》などをも作りて売れど、主としては農家の箕を直すを以て活計とす。村民とは年久しき馴染となり居り、テンバの女房は家々を廻り注文をき、箕を持ちて其土窟へ帰り行く由なり。

ここに描写されている、明らかにサンカとおぼしき人びとの、もっと詳しい生態のこともさりながら、わたしがとりわけ知りたいと思ったのは、「土窟」とはどんなものなのか、なぜ山腹に十いくつもうがたれているのかということであった。

平成十三年四月、わたしは福島県原町市石神を訪れた。石神は山深い僻村ではない。原町の市街からわずかにはずれた広潤な田園地帯で、わたしが柳田の文章から受けた印象とは、だいぶん違っていた。

村内を車で回りながら何人かの住民に「山腹の穴」のことを訊いてみたが、みな首をかしげるばかりだった。しかし、なおさがしつづけているうち、この話なら、この人をおいてほかにはいないといえる人物に出会えたのである。だが、その男性（石神の字《あざ》坂下に住む池田恒秋（大正十三年生まれ））からの聞き取りを紹介する前に、先の一文に出てくる「二宮徳」について述べておいた方がよいだろう。

二宮徳《いさお》は、二宮尊徳（金次郎）の曽孫である。柳田は同論文執筆の直前、岐阜、福井県方面へ民俗調査の旅に出ている（ただし正確にいえば、これは内閣書記官室記録課長としての視察旅行であった）。その折りに得た知見については『美濃越前往復』（定本、第三巻）に詳しいが、その旅には徳も同行している。ただ、内閣書記官室官吏の視察旅行に、徳がどういう立場で、あるいはどんないきさつで加わったのか、よくわからない。徳の孫（尊徳からかぞえて六代目）の二宮尊志《たかし》（平成十四年当時、神戸市立楠高校長）によると、徳は商社マンで、民俗学の研究をしていたという話は耳にしたことがないという。いずれにしても、石神での見聞は岐阜、福井方面への旅行の前か、その途中かに徳が柳田に語ったものであろう。

江戸期の農政家、二宮尊徳（一七八七―一八五六年）の足跡は広範囲に及んでいるが、相馬藩にも農村復興を依頼されて赴任し、尊徳がこの地を去ったあとも息子の尊行や、高弟の富田高慶（尊徳の娘、文の夫）らが残って事業を引き継いだため、徳も石神で少年期を過ごしたのである。

栃木県二宮町の「二宮尊徳資料館」提供の系図によれば、徳は昭和四年、四十八歳で死亡しているから、明治十四年（一八八一）ごろの生まれということになる。いつまで石神にいたのかはっきりしないが、遅くとも十代後半には故郷を出ている。つまり、彼が柳田に伝えたテンバの話は、一八九〇年代の半ば以前に目撃した事実にもとづいているといってよい。その当時すでに、彼らと村民とは「年久しき馴染」となっていたのである。

二宮尊行と富田高慶の子孫は、いまも石神の坂下に隣り合って住んでおり、そのすぐ東側が池田恒秋の家であった。池田は農民である。わたしが訪ねたときは、小型の動力耕耘機で畑の土をすき起こしていた。

「穴ですか、ありますよ。その山の斜面にいくつもある」

池田は、わたしの問いに、目の前に横たわる里山の方へ顎をしゃくりながら、そう答えた。穴居時代の人間が掘って住居にしていたのではないかと思う、という推測も述べた。「土窟」は、たしかにあったのだ。わたしは箕直しのことへ質問をすすめた。

「ええ、もちろん知ってますよ。このへんでは、えーと……なんていったかなあ」

彼は、ほんのわずかなあいだ遠くを見る目をしたあと、はっきりと言葉をついだ。

「そう、テンバといいます。テンバモンともいいました。テンバというのはね、あちこち流れて歩いてました。いまはむろん、ちゃんとした家に住んでるんでしょうが、昔はそうじゃなかったと思いますよ。木賃宿なんかに泊まってたんじゃないんですか。原町のはずれにも二、三軒ありましたからね。テンバが、うしろの穴にいるところは見たことがありません。テント張りの生活ですか、それも見たことがない。テンバはね、もうテンバとはいいませんが、いまも来ますよ」

「えっ、いまも、ですか」わたしは、びっくりして訊き返した。

「そうです。年に一回くらいかな。夫婦とか男一人、女一人とかになりましたがね。昔はよく家族でやってきたもんです。子供たちは学校へは行ってなかったんじゃないかなあ」

池田は彼らが住んでいる場所として、十キロばかり南方の、ある地名を口にした。

「あの人たちが作った箕を見ますか」

わたしは池田家の縁先に案内されて、彼が持ってきた箕を手に取った。藤箕である。関東や中部地方と、その周辺域でよく見られるタイプに近い。四年くらい前、一万円で買ったものだという。

「ここはね、たしか去年、直してもらったんですよ」

池田は箕の先端（箕先《みさき》）を指さして言った。そこは、発泡スチロール箱の梱包などのときに使う、青色の丈夫なテープ（ＰＰバンド）で補強されていた。おおかたの地方では、まだ藤や山桜の皮で修理をしているが、この箕は今ふうの直し方をしてあった。

辞去する前、「土窟」に案内してもらった。土窟は池田家の背後の里山（二宮家や富田家の墓もある、なだらかな丘）に何十もあるようだ。しかし現在は一帯がブッシュにおおわれて、その数はとても確認できるものではない。多くの穴は近づくのにも、それなりの用意がいるように思えた。

わたしがのぞいたのは、池田家のすぐ裏手、ほんの十数メートルほど先にうがたれた、防空壕のような横穴であった。だいぶん崩れているが、わたしには古代の横穴墓のように見えた。帰宅して原町市役所文化財課に電話でうかがったところでは、市の方でも、そのように考えているが、まだ現地調査もしていないので断言はできないということだった。

池田が、いまも石神へ回ってくる箕作り人が住んでいると話した場所を、帰りに訪ねることにした。近くまで行って何人かに「箕を作っている人」のことを訊いた。そろってF（姓のイニシャル）の名前を挙げた。ほかにもう一軒あったが、そちらはだいぶん前にやめたようだと教えてくれた人もいた。

Fの家は、「ニュータウン」と呼ばれる住宅街によくあるような造りの二階建てで、道路側に十坪くらいの庭があり、その端に六畳ほどの作業小屋が建っていた。壁に魚釣り用の新しい「びく」が二つ吊るしてあるのが、窓ガラス越しに見えた。

玄関に立って案内を乞うても、だれも出てこない。前をうろうろしていると、近所の人が裏へ回ってみたらとすすめてくれた。勝手口のようなところに戸があり、そこで声をかける。すぐに七十すぎか七十代半ばといった印象の男性が顔を出した。総白髪だった。

「もう箕は作ってませんよ」わたしの問いに男性は、つっけんどんに答えた。

「頼まれても作りません。年もいったし、簡単に作れるもんじゃないんですよ。一枚作るのに何日もかかります。昔だって、たくさん作ってたわけじゃない。内職でやってただけです。ほかに作ってる人ですか、知らないなあ。売ってるところ……知りません」

男性は明らかにわたしの突然の来訪を迷惑がっていた。あなたはいったい、どこから来たんだ。どこで自分のことを知ったんですか。あなたが何を聞きたいのか知らないが、わたしは何もしゃべりませんよ。警戒心にみちた目は、そう語っていた。ちょっと取りつく島がない、といった感じだった。

4　西日本の移動生活者

西日本各地には、東日本の「箕直し」とはだいぶん様子の違う、いくつかのタイプの移動生活者がいた。その人びとについて、きちんとしたことを語れるだけの用意はないが、ここでは四国、中国、近畿の一部で耳にした二、三の例を紹介したい。

徳島県那賀郡相生町横石は、那賀川中流の右岸に袋のように開けた小盆地である。北方の那賀川に面した一角以外は、すべて山また山の土地で、明治十年代には、そこからの木材搬出のため囚人が酷使され、多くの事故死者を出したこともあった。村の開発者は土佐からの来住者だったと伝えられている。

この山村へ独り者の箕作りが流れてきたのは、大正時代半ばのことであったらしい。男は「カシュウ」と名のっていた。どんな字を書くのかわからない。加州（加賀国のこと、また那賀川上流の木沢村に加州の地名がある）であったかもしれないが、いまは仮に「加集」の字を用いておこう。

加集は、横石の中川恒《ひさし》（大正四年生まれ）が七つか八つのころ、「五十歳くらいだった」というから、明治五年（一八七二）前後の生まれであったかと思われる。

加集はJ家の敷地に「家というより掘っ立て小屋」（中川の言葉）を建て、そこで暮らしていた。加集とJ家との関係は、はっきりしない。ただ、J家の当時の当主は野鍛冶として、もっと奥の方の村々をまわっていたから、その旅先で知り合ったのかもしれない。

加集が作っていたのは竹箕である。斜め編みのものであったようだ。藤箕系の箕作りが、ほかの竹細工職を兼ねることはまずないが、竹箕の職人は笊や籠も作ることが少なくない。加集も、そうであった。だから、まわりの人たちは「カゴヤさん」と呼んでいた。

この地方では穀物をアオル（サビル）ことができる箕をサビミという。加集は底のぴったりした、いいサビミを作った。昭和の初めごろで箕一枚は米一俵と交換というのが、このへんの相場になっていた。一俵は、ざっと六十キロである。いまなら小売値で二万円以上になる。それだけに農民は箕の品質には、ことのほかやかましかった。彼らは何十年も使いつづけるつもりで買うのである。横石近在で、そういう箕を作れる者はほかにはおらず、みな加集に注文していた。修繕も、むろん彼に頼んだ。

村を見下ろすような斜面に建っていた小屋が、彼の作業場でもあった。中川は、そこを何度も訪ねたことがある。父親が頼んでおいた箕や、ほかの竹製品を受け取りにいったり、ただ遊びにいったりしたのだ。加集は小柄だが、体つきはがっちりしていた。気だてのいい人物だったという。少年には、那賀川を下った阿南市の、紀伊水道に臨んだ村の出身だと話していたらしい。

加集が横石に住んだのは、たぶん数年間、長くても十年ほどであったようだ。話を聞いた中で彼のことを記憶にとどめていたのは、中川と、近くの朴野上《ほおのかみ》の男性（大正三年生まれ）の二人だけで、大正十年（一九二一）くらいからあとに生まれた住民は、加集のことを知らなかった。おそらく昭和の初めごろ、いずれかへ移っていったのであろう。どこかから、この山間の村へ流れてきて、何年かののちにはまた、どこかへ流れていったことになる。せっかく住む土地を提供する人がいて、近辺の住民からも頼りにされることになったのに、なぜ立ち去ったのか、わからない。

高知市朝倉字勘定《かんじょう》は鏡川右岸の田園地帯である。そこは市街地からずっと西にはずれていて、吾川郡の伊野町に近い。村のすぐ前の鏡川に朝倉堰《ぜき》という取水堰があり、その堰の右岸側に水神さまの祠《ほこら》が建っている。

昭和十年ごろまで、その祠のわきへ毎年やってきて、かなり大きな小屋を建て竹製品を作っていた家族があった。いま高知市蓮台《れんだい》に住む大崎喜与子（大正十一年生まれ）の記憶では、家族は二人とか三人ではなく五人から十人ほどであったという。勘定の山岡濤夫《なみお》（大正五年生まれ）も一家のことはおぼえており、夫婦と子供がいたことは確かだが、ぜんぶで何人くらいだったかははっきりしない。

彼らは夏をはさんだ何カ月かを小屋で過ごした。みんなが集まって竹細工をし、それを近郷の村々へ売り歩いていた。行商の折りは製品を天秤棒の前後にぶら下げていた。製品にどんなものがあったのか、なにぶん七十年も昔のことなので二人とも思い出すことができない。大水が出ると小屋は流されてしまい、そのときはどこかへ行き、水が引いたら戻ってきて、また小屋を建てていた。茅で葺いたような屋根が、喜与子の母の実家から見えた。彼らは、しばらく水神さまのそばで暮らしたあと、いつの間にかいなくなり、翌年再び、ほぼ定まった時期にやってくるのだった。鏡川は鮎をはじめとして魚の豊かな川であったが、喜与子によると彼らが川漁をしていた様子はない。山岡は、一家は土佐の人間ではなかったと思うと言っている。村人との付き合いも、子供どうしで遊ぶこともなかったらしい。その人たちのことを何と呼んでいたのかとの問いには、二人とも首をかしげるばかりだった。

勘定の山岡兎美喜《とみき》（昭和六年生まれ）は、彼らを見たことがない。しかし親から、水神さまのわきに毎年、竹細工職人が家族連れで来ていたという話を聞いている。兎美喜が、ものごころつくころには来なくなっていたのである。

昭和二十年代の初め、京都府船井郡和知町の由良川べりへ流れてきた一組の若い夫婦がいた。彼らは、いま国道27号の旧道となっている街道を見下ろす山の斜面に住みついた。周囲の人たちには土佐から来たと言っていた。名前はNといい、夫は昭和元年（一九二六）ごろの生まれで、妻は二つほど年上であった。二人のあいだに子供はなかった。

Nは川漁師であった。小屋の下を流れる由良川で、主に鮎を捕って暮らしを立てていた。捕った魚を地元の料理屋などへ売るのである。川漁のできない冬のあいだは山の猟師になった。Nの小屋に近い旧国道沿いで食堂を経営していたことがある片山隆（昭和六年生まれ）によると、このあたりへ鮎の「友掛け」と「素掛《すが》け」の技法を伝えたのはNであった。友掛けは現在ふつうには友釣りと呼んでいるものであり、素掛けはテグスに何本もの鉤《はり》を付けておいて鮎を引っかける方法である。それまで両方とも、この地方にはなかったという。

丹波地方では、川漁というのは、趣味でならともかく、生業としては、だれでもたずさわるものではなかった。それは特定の集団のみがかかわる仕事だとみなされていた。そういう人びとのことを、このへんでは「オゲタ」と呼んでいた。後述する後藤興善著『又鬼と山窩』（昭和十五年、書物展望社。平成一年、批評社から復刻版）中に見える「オゲ」と同系統の言葉である。いずれの場合も、そこには賤視のひびきが込められていた。

オゲタは一般に、川漁と竹細工を生業の二本柱にしていた。ほかに、ぞうり作りや山猟などをすることもあった。Nは竹細工をしなかったようだし、もともとが丹波地方の人間ではなかったが、地元住民は彼らのことを陰ではオゲタと言っていた。

和知町の東隣、北桑田郡美山町には、オゲタが定住したとされている集落がある。地域では被差別部落として扱われていた。十戸ほどの家はみな、由良川で川漁をし、そのほかに竹細工、ぞうり作り、山猟、農作業の手伝いなどで生活していた。七月の祇園まつりの時期になると、彼らが捕った鮎が京都へ運ばれていた。祭が終わると、この近隣では鮎の値段が下がったという。

彼らは、ほかの村民のように共有林野の分配金の配当を受けることができなかった。ここでは葬式の折り墓地へはいていく特別のぞうりがあったが、それは彼らが用意することになっていた。彼らは村の一角に寄りかたまって住んでいるが、つい何十年か前まで、そこには小屋のような家ばかりが、ひしめき合うようにして建っていたのだった。

鳥取県の西部、日野郡日野町金持《かもち》のあたりでは、移動型の川漁師のことを「サンカ」といっていた。彼らは捕った魚を農民に売って暮らしを立てていた。彼らは農民を「旦那さん」と呼び、たとえば食事をごちそうになるときなどでも決して屋内へは入らなかった。外に莚を敷いて、その上で食べたのである。彼らが姿を消して、すでに久しい。わたしが話を聞いた金持の男性（昭和六年生まれ）は見たことがないといい、いま記したことは親からの伝聞であり、竹細工をしていたかどうか確かめることができなかった。

彼らとは別に箕を売りにくる人たちがいた。天秤棒の前後に振り分けにしたり、背中に負ったりして行商に来たのである。昭和三十年ごろまでのことだ。彼らのことを「ハッチャ」といっていた。「鉢屋」の意で、この地方では被差別民を指す言葉である。先の男性は、親が彼らから買ったという箕を見せてくれた。みごとな松箕で、もう七、八十年も使っているはずなのに、ほとんど傷んでいなかった。男性は竹箕も持っていた。これは兵庫県明石市に住んでいる親類が、帰省の折りに買ってきてくれたものであり、この近隣には昔はなかった。すべて松箕であった。

彼は、その松箕の製作地を知らなかったが、日野郡から西へ山を越した西伯《さいはく》町の箕作り村で作ったものに違いない。そこは被差別部落ではない。しかし、とくに西日本では箕や竹細工は部落とのかかわりが強いとみられており、だから箕の行商人をハッチャと呼んでいたのであろう。鉢屋は、空也の流れをくむ念仏集団で、古くは定住地をもたず、鉢を叩きながら各地を流浪したので、その名前がついた。なぜか中国地方の、とくに山陰の一部に多く、鳥取藩では鉢屋給を与えて定住させ、他藩の「ひにん」に似た役割をになわせていた。彼らは竹細工を主要な生業の一つにしていた。

兵庫県の鳥取、岡山両県境に近い宍粟《しそう》郡波賀町斉木のへんにもサンカという言葉はあった。やはり移動型の川漁師を指していた。けれども、わたしにそのことを教えてくれた男性（昭和五年生まれ）は、彼らを目にしたことはなく、いたのは自分たちの親の代ごろまでではなかったかと話していた。竹細工もしたのかどうかについては、よくわからない。

箕の行商人は別にいて、その人たちのことは箕売りといっていた。彼らが売り歩いたのは斜め編みの竹箕であった。真竹製で縁木《ふちぎ》には持ちやすいように、わらを巻いていたという。四国、中国、近畿西部では藤箕のことは耳にしなかった。ただし、滋賀県栗太郡栗東《りっとう》町には藤箕の箕作り村があった。また、奈良県磯城郡田原本町で、むかしは藤箕を売りにきていたと聞いたので、少なくとも近畿地方については、藤箕がなかったということではない。九州には竹箕のほかに桜箕の箕作り村が、いくつかあった。藤箕があったかどうか確かめていない。

話が四国へ戻るが、香川県中部の木田郡や、徳島県北部の香川県境に近い阿波郡の山間地には、非定住の川漁師のことを指した「サンガイ」という言葉があった。彼らもやはり、差別の対象になっていた。いまではそれを、被差別民を意味する隠語のように受け取っている人もいる。この言葉を知っている人は、おおかたは相当の年齢であり、しかも彼らを直接、見たことがあるわけではない。父母とか祖父母から聞いたのである。丹波地方のオゲタが鮎漁にたずさわっていたことは疑いないが、四国北東部のサンガイは鮎漁からは排斥されていたようだ。

第四章　移動箕作りたちのたそがれ

1　定住の軌跡

柳田國男は大正四年（一九一五）三月、『郷土研究』誌に『茨城県の箕直し部落』と題する報告を載せた。『定本柳田國男集』第三十巻に収められている。短いので全文を引用しておこう。

明治四十三四年の交《ころ》、茨城県警察部が発表したる新平民部落調査表に依れば、同県内に土着せる特殊部落にして竹細工殊に箕直し梭作り（梭は本来はヒという字だが、ここではオサと読むのだと思う）を以て主たる職業とする者左の如し（『郷土研究』一巻六四六頁参照）。今其生活状況を抄録して傀儡子《くぐつし》考の一助とす。

①常陸東茨城郡中妻村大字田島　一戸二人

主たる職業箕直し及び日雇稼ぎ、常に乞丐《ほいと》的風俗を為し全く他部落民と交際無し云々。

②同郡沢山村大字阿波山字門無　二戸五人

元西茨城郡より来住し箕直しを専業とす。他部落と交際無く、風俗生計劣等なり。

③那珂郡勝田村大字金上《かねあげ》　一戸八人
　箕直し、各町徘徊の箕直しと其風俗を異にす。
④同郡瓜連村大字中里字前谷津　二戸十二人
　箕直し職、身分を鑑み謙遜の風ありて常人に異ならず。
⑤同郡五台村大字中台字次男分　七戸五十四人
　農又は箕直し業、総て野卑にして乞丐に類す。
⑥久慈郡久慈町字舟戸　二戸十九人
　農業箕直し、乞丐に類し一般民と交通せず。
⑦同郡誉田《ほんだ》村大字新宿字陣場　四戸十八人
　箕直し、一般民と同じ。
⑧行方《なめかた》郡麻生町大字麻生字新田　一戸三人
　笊造り、一般農民と異なる所無し。
⑨同郡小高村大字橋門　一戸二人
　笊造り、普通農民に同じ。
⑩稲敷郡竜ヶ崎町字根町　二戸四十人
　箕直し、野卑にして乞丐の如し。
⑪同郡八原村大字貝原塚　二戸十五人
　箕直し、野卑にして乞丐の如し。

⑫稲敷郡阿見村大字阿見　三戸二十四人
箕直し、野卑にして窃盗賭博を好む。
⑬新治郡九重村大字倉掛字上荒地　二戸十五人
梭職、普通民と異なることなし。
⑭同郡都和村大字常名《ひたな》字新郭　三戸二十一人
梭職、普通民と異なることなし。
⑮真壁郡大宝村大字大串字長峰　一戸十三人
箕直し、赤貧にして乞丐をなす。
⑯同郡大村大字松原字西　一戸四人
箕直し、概して襤褸《ぼろ》を纏《まと》い麁《そ》食《しょく》に安じ、言語野卑不潔を意とせず。常に賤業なるを以て普通民と交際無し。
⑰同郡雨引村大字本木字前田　一戸六人
箕直しの収入にて生計を立つ。一般民と交際無し。
⑱下総北相馬郡内守谷村字奥山　一戸七人
非常番竹細工、一般地方の風俗と異なる所無し。稍々《やや》善良なるもの。
（字の右側の小丸印は原著者による。頭の数字と振り仮名は引用者が付した）

この報告は『「イタカ」及び「サンカ」』（『定本柳田國男集』第四巻四八四ページ）中の次の記述と対

応するものである。

右の箕直しの職業は関東何れの地方にても特殊部落に属するものにて、サンカ問題に付ては極めて重要の観察点なりとす。昨年（明治四十三年）暮茨城県にて特殊部落の調査を為せしが、常陸にては所在十数所の箕直し部落あり。此は一定の地に家居するも、男子は箕直しの為に村々を巡業す。而して此徒の中には破壊窃盗を常業とする者甚多く、箕直し村へ来れば民家にても警察にても非常に用心を加ふ。鋭利なる刃物を有し切破りの手口に特色あること西部のサンカとよく似たり。

二つを併せ読むとわかるように、茨城県に「所在十数所の箕直し部落」があったということではない。一般村落の中に、一戸ないし数戸（最大で四戸）の箕直し、梭《おさ》職《しょく》、竹細工職を生業とする人びとが住んでいたのである。茨城県警察部は、彼らを「新平民」とみなして、その戸数、人数、生活状況などを調べたのが、ここにいう「新平民部落調査表」である。

新平民は、周知のように、江戸時代「えた」「ひにん」身分に位置づけられていた人たちを指す差別語として維新後に使われはじめた言葉である。梭職、竹細工職についてはともかく、箕直しは江戸期には、おそらくそのすべてかほとんどが無籍であったと思われ、したがって法制上の賤民ではなかった。いわゆる「野非人《のひにん》」の扱いを受けていたと推測されるが、明治期の警察は彼らも新平民に分類していたことが、この調査表からもわかる。平成のこんにちでも、箕直しは新平民だと考えている人が少なくない。
箕直しは、字義どおりには箕の修繕を生業とする職業集団のことである。しかし各地の村落社会では、非定住の、あるいは定住していても小屋のような家で暮らす箕作りを含めて、そう呼ぶことが多い。この言葉には箕作りよりも、ずっと強い賤視のひびきがこもっていて、たとえば箕作り村の住民は箕の修繕をすることがあるのに、箕直しといわれることをとてもいやがる。

柳田の報告の⑩番にある人びとは、現竜ヶ崎市根町の愛宕神社下に住んでいた。

神社から三百メートルほど東の桶職人、根本信男（昭和二年生まれ）は、その小屋の前をとおって小学校へ通った。「箕直しの小屋」は道のわきの藪を開いたようなところにあって、わりと大きく三畳か四畳半くらいの部屋が三つほどあった。小屋には初老の男が独りで暮らしていた。姓を「梅田」といった。

梅田は小屋で箕を作っていた。信男は学校の帰りに立ち寄って作業をじっと眺めたこともある。梅田は簓《ささら》を作ることもあった。簓は茶道で使う茶筅《ちゃせん》を大型にしたような道具だ。釜などを洗うときや、細かいごみを払い落としたりするさいに用いる。信男は、それが何かわからず、帰宅して父親に訊いたら「それは簓だ」と教えられたという。小屋には莚が敷いてあり、そこに見知らぬ男たちが座っていることもあった。

柳田の報告にある「二戸四十人」が、どれだけ正確かわからない。しかし大家族であったことは、まちがいあるまい。それが調査発表から二十五年ほどのちには、たった一人になっていたのは、残りの者がほかの場所へ移住したからだ。むろん亡くなった人もいたかもしれない。一定の期間、あるところで暮らして、それから別の土地へ移っていくということは、移動箕作り（箕直し）の世界では、ごくふつうのことであった。

梅田一族の場合は、おおかたが県内の、そこからさして遠くない久方町（仮名）へまず居を変えたようだ。どんな縁と理由があってのことかわからないが、根本信男夫妻、久方の複数の住民、梅田一族のことを知っている移動箕作りらの話によって、これは裏付けることができる。そのうちの一家族は何十年か久方に住んで、みな箕作りとは無縁の生活を送ったあと死亡したり、ほかへ移っていったりして、いまは一人もそこに住んでいない。最後の一家がいた土地は現在（平成十五年春）、パチンコ店の駐車場になっている。

久保田辰三郎らとともに埼玉県中部域を転々としていた梅田留吉（昭和三十年九月、埼玉県小川町で病死、既述）が、この梅田一族の出であると思われることは、第二章の2「セブリ生活者の出自と経歴」の項で述べた。その折りにも触れたが、調査の「二家族四十人」というのは直系親族だけの集まりにしては数が多すぎる。おそらく親類を含んでいたのみならず、どんな血縁なのかはっきりしないような「仲間」も入っていたのではないか。彼らは成人すれば、それぞれに独立して家族をもったであろう。久方だけでも梅田姓の箕作りが何家族もいて、仲間うちでは彼らを「久方の梅田一家」と呼んでいたのだった。

報告に出てくる十八カ所中には、その後のことがもっとはっきりしている例もある。子孫がいまも、隣村でひとかたまりになって暮らしているからだ。ここでは彼らが明治末のころいた土地を甲村、現在の居住地を乙村としておこう。

わたしが甲村を三度目に訪ねた平成十五年二月一日、その女性は村はずれを流れる用水のわきで芹《せり》を摘んでいた。「もう八十になる」という彼女は、終戦直後に甲村へ嫁に来た。当時すでに箕直しの家は村にはなくなっていたが、その場所を彼女は正確に知っていた。年寄りたちから聞いていたのだ。村と田んぼとのあいだのそこは、いまうす暗い孟宗竹の林になっている。

甲村には以前、箕作りが二家族いて、ともに姓をSといった。きょうだいか親族であったらしい。S姓の家は隣の乙村を含めて、ほかには一軒もない。彼らのことを村人たちは「ミナオシ」あるいは「バンタ」といっていた。バンタについては『部落問題事典』に次のようにある。


番非人・番太（ばんひにん・ばんた）　番非人は非人番または番人ともいわれ、近世の村落において、村の治安を守り、警察機構の末端を担当した非人身分の番人で、番人小屋が提供され、番人給が支給されていた。いずれも村方持ちである。（後略）

甲村の女性が言ったバンタはしかし、ここに説明されているような意味ではないと思う。法制上の非人身分など存在しなくなった明治以後、火の用心を触れて歩く夜番や、田畑、山林の番役に出自のはっきりしない半定住民を雇う例は各地に見られ、彼らのこともバンタと呼んでいたのである。

S姓の人たちが、その意味での番人として甲村に定住を認められたのかどうかは、わからない。けれども報告の⑱番に見える「非常番」も、おそらくは番人であったと思われ、ほかにも箕直しと番人とのかかわりをうかがわせる資料がある。秋山桑人《そうじん》著『画文集　職人・職業漫筆』（平成二年、筑波書林）の「箕直し」の項から引用させていただく。

箕なおしは村（ここでは茨城県水海道市近郊）に入ると一軒々々民家を尋ね、破れた箕のある家で修理した。新しく買ってもらう箕を持っている事もあったが、小脇にかゝえた修理用の小包だけを持って来た。包の中は桜や藤の皮のほか簡単な小刀のこぎり、ヘラ等の道具が入っていた。箕なおしは冬になると、ひっそりとやって来た。村人たちと会っても正面をむいて話をしなかった。どこから来て何処へ帰るのかも知らなかった。二人三人の集団で来るが村へ入ると一人で行動した。風の様に来て風の様に立ち去った。

冬になると村では夜回りが行なわれた。火の用心のためである。村では夜番と言って夜番役を雇入れた。夜番役は村人ではなかった。この夜番が箕直しであると聞いたが、たしかな事は不明である。村人たちは夜番の事を番太と言った。（以下略）

芹摘みの女性は、Ｓたちが戦争前に乙村へ移ったことは、むろん知っていた。Ｓ一族の一人とは、いま老人クラブでいっしょに輪投げなどをする仲なのだ。彼女によれば、Ｓ姓の人たちが村民と通婚することは決してなく、彼らは「筑波下」（筑波山の麓のこと）の同じ箕作り集団とのあいだで縁組みを重ねてきたということである。

乙村でも、これに対応する話を聞くことができる。ここでは、昔は彼らのことを「新平民」と呼んだものだと漏らした人もいた。Ｓ姓の家は三軒あり、村はずれにかたまって住んでいる。

筑波山（八百七十六メートル）に連なる山系の南端に近い山中に、常願寺という通称の土地がある。標高はほんの六十メートルほどだが、最寄りの村落から一キロばかり離れており、あたり一帯は松や雑木の密生する山林で耕地といえるようなところは全くない。地元の者ならたいてい、その名前の場所がどこか知っている。しかし、どんな地図にも常願寺の地名は載っていないようだ。国土地理院の地形図にはむろん、手元の住宅地図のコピーにも家は書き込んであるものの、地名は記していない。正式のものではないからであろう。

定住農民の暮らす村里から隔絶した、このもの寂しい山腹に、昭和三十年代半ばまでは八軒の家があった。それらは農家などとは造りの違う、作業小屋とでもいった風情の建物だった。その住民のうち七軒が箕作りを生業とし、残りの一軒は「絵かき」であった。

常願寺に最初に住みついた人間は関根熊吉といった。明治四十二年（一九〇九）ごろのことだったと伝えられている。

関根は無籍の箕作りであった。長野県の出身だと言われるが、はっきりしない。常願寺の住民は主に、この関根の一家と、次節で紹介する須藤カヨ（仮名）の一族の、二つの家系間の重複した縁組みによって形成された、血縁集団であった。双方とも生粋の箕作りの家で、だから彼らはみな、腕のよい箕職人たちだった。

最盛期には、ここで年に三千枚を超す箕が作られていた。七家族、二十何人かは、それだけを支えにして生活していた。収入源は、ほかにはいっさいなかった。農業、山仕事のまねごとさえも行われていなかった。常願寺は、小さいながらも典型的な箕作り集落であった。

彼らは下の村の人間とは全く行き来がなかったが、ときどきよその箕作りが訪ねてくることはあった。訪問者は、人ひとりがやっと通れるくらいの山道をたどって登ってくると、まず関根の前で、「どこそこのセブリからやってまいりました」と仁義を切ったという。ここで作られた箕を仕入れて売り歩きながら、かたわら箕直しをしていた、にわか職人たちもいた。もし箕作りが生業として成り立つ時代がつづいていたら、こうした人びとの中から新たに常願寺へ定住する者も出て、集落はだんだん大きくなっていたに違いない。そうして型どおりの箕作り村が、できていたことだろう。けれども、じっさいには逆のことが起こった。ここはいま、再びもとの無人の地に返りつつある。箕作りはA・M一人になってしまった。そのAも平成十四年には八十歳になった。もう箕は作っていない。彼も、やがて山を下りるか、この地で数奇な生涯を終えることになるだろう。

筑波山をはさんで常願寺とは反対方向の麓に山口という、五十戸ほどの集落がある。渓流に沿って細長く延びた村で、なんでも上と下とでは気温が二、三度も違うそうだ。その最奥の家からさらに奥に、昭和の末年ごろまでF・Tという箕作りが住んでいた。明治三十五年（一九〇二）前後の生まれであったらしい。Fは腕がよかったのみならず、ほかの箕作りが作った箕を買い取って仲卸しのようなこともしていたから、かなりの金を貯めていた。村でいちばん早くテレビを買ったのもFのところだったし、どこかの銀行のパーティに招待されたこともあった。

昭和三十年代までは、もう一家族の箕作りが隣に住んでいた。亭主はFの子分とでもいった関係であったようだ。彼らは、もとは村の人間とは全く付き合いがなく、回覧がまわることもなかった。そのような時代に子分筋のMの一家四人は山口で死に絶え、Fの子供六人はみな、ここを出て別のところへ移っていった。Fは最後まで後妻といっしょに山口にいたが、入浴中に脳出血の発作が起きて死亡した。いま、その住まいの跡は、まわりと同じような雑木の林になっている。この村でも、「新平民」の言葉を耳にした。

戦後しばらくのころまで、筑波山の周辺には合わせて二十家族ほどの箕作りが暮らしていた。おおかたは当時の場所にはもういないが、先の乙村（仮名）のように、一族の数戸が集まって家をかまえているところが、少なくとももう一カ所ある。

山口のF・Tの兄は栃木県芳賀郡の、ある村に定住した。筑波山から北へ三十キロくらいの沼のほとりであった。彼には男の子が二人いた。いずれも箕作りだったが、すでに故人となった。

長男の方はF・Hといい、その妻Kには話をうかがったことがある。平成十三年七月のことだ。Kは当時、八十歳だった。十三年前に夫が病死したあとも箕の行商と修繕に近郷の村々を回っていた。しかし三年ほど前、年をとって腰の強い箕ができなくなったので、お得意さんの農家を一軒、一軒たずねて「もう来られない」と挨拶をしてからやめたという。彼女は夫の道具の中に両刃の刃物があり、「コガタナ」と呼んでいたと語ったが、道具類は仕事をやめるとき、ぜんぶ別の箕作りに譲って手元には残っていなかった。

沼から北東へ二十五キロほどの、さして険しくはないが深い山中に、室谷《むろや》（仮名、栃木県那須郡）という、とても小ぢんまりとした集落がある。かつては四戸あったが、いまは三戸の民家が仙境とでもいった風情の山合いに、ひっそりとたたずんでいる。

昭和二十年代まで、このただささえ寂しい山村の、そのまたはずれに二家族の箕作りが、互いに一キ

「イチヤン」らが、かつて暮らしていた「室谷」の村はずれ。当時は、ひとすじのけもの道が通じているだけであった。(平成15年4月29日)

ロばかりの距離をおいて住んでいた。一組を佐藤、一組をHといった。

佐藤には妻と昭和元年（一九二六）生まれの娘がいた。彼は筑波山麓山口のF・Tよりさらに多額の貯金があったようだ。昭和二十一年の新円切替えのとき近在一の資産家であることがわかった、と話してくれた人もいる。常願寺のA・Mによれば、この佐藤は大正時代の中期、のちに娘も通うことになる村の小学校を改築するさい、資金の大半をぽんと寄付したということである。

一方、Hには妻と妹がおり、それに甥が同居していた。甥はT・Iといい、「イチヤン」の通称で呼ばれていた。イチヤンがいちばん若く、大正五年（一九一六）ごろの生まれであったらしい。小柄で目のくりっとした青年だったという。この人も、すでに亡くなっている。

Hの妹は足が悪かったようで、だれも歩いているところを見たことがない。いつも正座したような姿勢で小屋の莚に座っていた。彼女がまず死去し、ついで妻が、そのあと昭和二十年代にHが亡くなった。当時、甥は室谷を離れており、寝たきりになったHに集落の四世帯が交替で食事を運んでいた。Hは布団を持っておらず、叺《かます》（藁莚《わらむしろ》で作った袋）をかぶって横たわっていた。死後Hは小屋のわきの窪地に叺ごと納められ、「土葬」された。Hは宮城県の出身だったといわれる。

イチヤンは戦争には行っていない。文字が理解できないため徴兵検査に合格しなかったからではないか。同様の例をほかにも耳にしているが、しかし一方で文盲でありながら召集を受けた箕作り（武蔵サンカの集団にいた「タツ」の長男）もいる。あるいは別に理由があったのかもしれない。

戦争中から戦後にかけて、イチヤンは室谷のある家で作男として働いていた。その家には子供がなく、栃木県烏山町から養女を迎えていた。M子といった。M子はよく「イチ公、イチ公」と言いながら、イチヤンの肩にぶら下がったりしてじゃれていた。そんなある日、イチヤンは雇い主から警察に訴えられた。そのころ七、八歳だったM子を強姦したというのである。だが、これは冤罪であった。医者が診ても、そんな形跡はなかったのだ。イチヤンは、このあと室谷へ戻ってこなかった。

余談ながら、M子の実の妹は昭和四十年代に起きた、ある大きな公安事件の主犯の一人として起訴され、死刑判決を受けている。

2　飛行機力《りき》ちゃん伝

室谷（仮名）から南へ、ほんのひとやま越えると、茨城県那珂郡美和村になる。この村の鷲子《とりのこ》集落のはずれに、六十《むそ》ノ沢という、杉木立のあいだをちょろちょろと流れる小さなせせらぎがある。その沢の口から奥へ三百メートルばかり入った、うす暗い林の中に、昭和十七年の春まで一家族の箕作りが、二つの小屋をかまえて住んでいた。

夫は村岡寅吉、妻は須藤ヨネ（ともに仮名）といった。姓が違うのは入籍していなかったからだ。いや、そうしようにも寅吉には戸籍がなく、できなかったのである。寅吉は明治三十二年（一八九九）生まれのはずであり、ヨネは同二十三年生まれであった。妻が九歳ほど年長だったことになる。

ヨネは再婚だった。先夫とのあいだに子供が三人おり、さらに寅吉といっしょになって六人の子を産んだ。そのうち第一子と第九子は幼いころ死亡して七人が成人した。みなヨネの私生児として届けられている。

カヨ（仮名）は、ヨネの第六子で大正十二年（一九二三）の生まれである。いまは廃校になった鷲子小学校へ入学し、四年生の二学期を終えるまで通った。そのあと西へ山ひとつ越した栃木県烏山町のカヤベ（茅葺き屋根の職人）の家へ「おどもりっこ」に出された。おどもりっことは子供の奉公人のことだ。主人と、その家族から一日じゅう追い使われる、つらく惨めな仕事であった。

ある朝、まだ十歳か十一歳だったカヨは、つい寝過ごしてしまったらしい。気がついたら主人に片耳をつかまれて引きずり起こされていたのだった。あんまり強く引っぱられたため耳が半分くらいちぎれて血が噴き出していた。それでも、だれも手当てさえしてくれなかった。治るまでに何カ月もかかり、そのときの傷は七十年たった現在も残っている。

たしか、その年の夏のことである。カヨはやはり同じ町へおどもりっこに出ていた三つ年上の姉リウ（仮名）と実家へ逃げ帰る相談をしていた。二人があんまり長く話しているのを見て不審に思ったのであろう、カヤベの奥さんがやってきて言った。

「なんだ、どうせ逃げる相談だんべ。逃げるんなら逃げてもいいぞ。だけんど、うちが貸してるもんは置いてけ」

カヨはリウと渡船場で落ち合う約束をして奉公先に下駄、浴衣、帯を返したあと裸足で災天下の砂利道を歩き渡船場へ駆けつけた。姉は来ていなかった。いつまで待っても現れない。つかまったようだった。

カヨは、しかたなく一人で実家を目ざした。十五キロほどの山道を歩いて夕方、家（といっても一間きりの藁葺きの小屋）へ帰り着いた。父も母も「なんで逃げてきた」と口をそろえて彼女を叱責した。そうして父は自転車の荷台に娘を乗せ、その日のうちに烏山へ送り返したのだった。

カヤベのところに二年いて近くの農家へ移った。そこで三年間の奉公をしたあと鷲子へ戻った。十五歳になっていた。父と母について箕作りをおぼえた。ただし編むばっかりで、編んだ「板」に腕木を付けることや、材料採りはできない。彼らの場合、それは男の仕事であった。

きょうだいたちは、みな箕作りを生業にしていた。長兄はすでに結婚して、もと一家が住んでいた小屋を譲り受けていた。両親と長姉以下は、五十メートルほど離れた場所に新たに建てた小屋へ移って、そこで暮らしていた。やはり一部屋しかなく、夜など足の踏み場もないほど手ぜまであった。

彼らの結婚は、まず例外なしに、箕作り仲間のあいだに限られていた。男は箕作りになり、箕作りの娘を妻に迎え、女は箕編み、箕直しをおぼえて箕作りの男のもとへ嫁ぐのである。ただし外へ働きに出たきり、集団に戻ってこない者もいた。おおかたは女で、その仕事は水商売であることが少なくなかった。だから集団内の成人についていえば、どうしても男の数が女より多くなる。女が離婚とか夫の死亡などで独身になっても、すぐに次の夫となるべき男が現れた。年齢の点では、母親と息子、あるいは年の離れた姉と弟のような夫婦がよく見られた。

彼らの社会では、血縁関係にある者どうしの結婚が珍しくなかった。仲間うちでの縁組みを原則にしていたため、いきおい、そうなってしまうのである。寅吉の妹の二番目の夫はヨネの兄であり、三番目の夫はヨネの弟であった。

筑波山麓常願寺の最初の住民、関根熊吉には四男一女がいた。関根の妻は早くに死亡して、どんな女性であったのかわからない。

関根の長女ハナは、須藤ヨネの別の弟、島吉を婿に迎えている。この夫婦が常願寺の箕作り七家族のうちの一つである。関根の長男、成沢幾太郎（関根は無籍だったから母方の姓を名のっていた）は、ヨネの第三子サキ（仮名、大正三年生まれ）と結婚した。これが常願寺の、もう一つの家族であった。そのサキが幾太郎との結婚前に産んだ女子（昭和六年生まれ）と、先のA・Mは夫婦であり、この一家も常願寺に住んでいた。おそらく、すぐにはその関係をのみ込みにくい縁組みの例を次々と挙示したのは、彼らの婚姻、血のつながりがどのようなものであったのか、一端を知っていただくためである。

寅吉とヨネ夫婦は昭和十七年の春、一家を挙げて栃木県宇都宮市北方の宮前村（仮名）へ移住する。ヨネが辛苦のすえに貯めた千円の一部で、そこに土地を得たのである。定住は彼女の生涯をかけた夢であった。

カヨは、そのとき十九歳であった。彼女は太平洋戦争中、一年三カ月ほど東京・四つ木のソケットを作る工場で働いたことがあるが、あとはずっと宮前で箕を「ぶって」暮らしていた。結婚したのは戦後の昭和二十二年である。相手はいとこで、須藤力次《りきじ》（仮名）といった。カヨは二十四歳、力次は三十八歳だった。

須藤力次は明治四十二年（一九〇九）の生まれである。どこで生まれたのか力次は知らない。ただ、ほんの子供じぶんに、茨城県水戸市に住んでいた記憶がある。祖父の村岡定吉（仮名）は、そこで亡くなった。死因は尻にできた「瘡《かさ》」の悪化であったという。瘡には、うじ虫がわいていた。力次は命じられて、よくうじを細い竹の棒でせせり出していた。たまらなく臭かったことをおぼえている。

実父は彼が一歳か二歳のころ死んだと聞いており、ものごころついたとき母の村岡タマ（仮名）は、須藤ヨネの兄、須藤義次（仮名）と夫婦になっていた。義次も再婚で、先妻とのあいだに子供が二人あった。

一家は、水戸から直接か、あるいはどこかを経てかはっきりしないが、とにかく力次の少年時代に、栃木県塩谷郡塩谷町佐貫《さぬき》へ移り住んだ。

村の前を鬼怒川が流れていて、その北岸に佐貫の観音岩というのがある。高さ数十メートルの垂直に近い岩壁に像高十八メートル余、顔面の長さ三メートルほどの磨崖仏が彫られている。平安時代末期の線刻画らしく、国指定の史跡になっている。

岩壁の下部には、鬼怒川の浸食によってうがたれた河食洞窟が二つある。広さは目測で一つが百畳

佐賀の観音岩洞窟の入り口。「力ちゃん」一家は大正時代、この穴の中に住んでいた。（平成15年4月21日）

くらい、もう一つはその三分の一ほどであろうか。ここは佐貫の洞穴遺跡として知られ、近年の発掘で縄文・弥生時代の遺物が出土している。須藤義次の一家は、その洞窟を住まいにしていたのだった。二つの穴に合わせて三十人以上の住民がいた。箕作りか、「乞食」（力次の言葉）であったという。

義次は箕作りだったが、せっせと働くといった男ではなかった。一家の暮らしは、おおかた妻のタマに頼っていた。タマは近在の村々を回って箕直しをしながら生活を支えた。佐貫の渡しに乗って対岸の塩野谷、小林、大室あたりへも足をのばすこともあった。だが、しょせん女一人の稼ぎで、まともにやっていけるはずがない。子供たちはだれも学校へやらず、七つ八つになると「おどもりっこ」に出し、そのあと男は農家の作男に、女は置き屋へ「売り飛ばした」のだった。力次より二つ上の義姉カズ（仮名）は、流れ流れて長崎にいたとき原爆に遭い、それがもとで亡くなったということである。カズの弟（力次の義弟）は少年のころ、義次に殴られて死んだと伝えられている。

観音岩の背後は小高い丘で、その三百メートルほど向こう（北側）の緩斜面に、佐貫の「馬捨て場」があった。直径何十メートルかの窪みになっていて、村の農耕馬が死んだ折り、そこへ運んで埋めていたのである。戦後も少なくとも二頭の馬が、ここへ埋められている。一頭は「腸捻転」で、もう一頭は雷に打たれて死んだ馬だった。いまは檜の林に変わっており、以前の様子をしのぶことはむつかしい。

周知のように江戸時代には「えた」の名で呼ばれる人びとが、斃牛馬の処理に当たっていた。それは彼らの義務であるとともに、排他的な権利でもあった。佐貫の馬捨て場がどこかの被差別部落の「旦那場」に属していたのかどうか、属していたとすればどこの部落の権利下にあったのか、わたしは確かめていない。どうも近隣には被差別部落はないようであり、ひょっとしたら洞穴の「乞食」つまり「野非人」が、その役割を務めていたのかもしれない。東日本では「ひにん」が、じっさいの処理作業を行うことが少なくなかった。

力次は子供のころ、馬捨て場に馬が捨てられると、ナイフとバケツを手に駆けつけたものだった。ナイフで馬の肉をそぎ取りバケツに入れて穴まで持ち帰るのだが、それが三杯にもなったこともあった。肉を取りにくるのは観音さまの住民だけではなかった。農家の人たちも来ていた。大正時代のことである。

当時、洞穴に住む者が死ぬと、「馬捨て場の穴に放り込んでいた」（力次の言葉）。「土葬」というより「風葬」といったものに近かったらしい。力次は少年の日、少なくとも一度は、そのような光景を目撃している。移動民のあいだでは、ある時代まで、こういう葬法もふつうに見られたということではないか。

昭和二十年代になってさえ、ここへ埋葬された死者がいた。その男は観音さまの対岸の鬼怒川べりに篠で葺いたような小屋（久保田辰三郎らが住んでいたのとそっくりの小屋）を建てて暮らしていた。独身だった。仕事は洋傘直しをしていた。戦後どこからか流れてきて、いま観音橋がかかっているところより少し下流の河原に落ち着いたのである。

馬捨て場の三百メートルばかり南東に住む斉藤邦照（昭和九年生まれ）は、その洋傘直しのことをよくおぼえている。昭和二十四、五年ごろの秋、村人は観音さまの前の広場に舞台を作って田舎芝居のまねごとをしたことがあった。そこへ洋傘直しがやってきて、自分にも「どじょうすくい」をやらせてもらえないかと言った。べつに断る理由はない。男は舞台に上がって、どじょうすくいを踊った。自ら申し出るだけのことはあって、なかなかみごとなものだったという。

男が死んだのは、それから二、三年たった昭和二十六年か二十七年のことであった。初老といった年齢だったようだ。小屋のある河原は佐貫の本村の対岸だが、しかし佐貫分になっていた。村人たちは相談して遺体を馬捨て場に埋めた。棺は使わなかったので、ちゃんとした土葬ではなかった。これはたぶん、馬捨て場が昔から人間の無縁墓地のようにもなっていたことを、そのころの大人たちが記憶していたゆえの措置であったと思う。

馬捨て場のある丘陵と、その西方の里山とのあいだから「がんざわ」という、ほんのひとまたぎほどの細流が、北方に向かって流れ出ている。「がんざわ」は「かにさわ」がなまった言葉である。サワガニでも棲んでいたのであろう。

このあたり一帯の山林は、少なくとも明治時代から現在までずっと、ほとんどが土地の農民、須藤家（仮名）の所有地である。

須藤義次の一家は大正時代の半ばごろ、その「がんざわ」の上流部に小屋を建てて、佐貫の洞窟から、そこへ移り住んだ。須藤家の山番をする代わりに、小屋をかまえることを認められたのである。義次は昼間、須藤家で作男として働き、夜は小屋へ帰るという生活を始めた。義次らの姓は、この山主からもらったものだと力次は話している。彼らは、それまでは無籍であった。

この説明に誤りがないことは、須藤家の現当主、光起《こうき》（仮名、昭和六年生まれ）の証言によって裏付けられる。光起は、「がんざわ」の自分たちの持ち山には昔、箕直しが小屋を建てて住んでおり、その一家の主人は、祖父浅吉の弟として籍をつくった、と父親から聞いているのである。光起によれば、その親類が栃木県矢板市の片倉（仮名）にいて、いつだったかそこから「おばあちゃん」が彼の家を訪ねてきた。彼女は「むかし世話になった者です。息子は高校に入れました」というような話をして帰ったということである。片倉には力次の義理の弟ら五家族ほどが暮らしていたので、このへんもきっちりと符合する。なお、須藤浅吉は明治八年（一八七五）の、義次は同十七年ごろの生まれなので、「弟として云々」の伝聞にも矛盾はない。要するに、義次らは大正半ばごろまで無籍だったが、なにかの縁で知り合った塩谷町の農民、須藤浅吉の好意で、その姓をもらって戸籍をつくったことが確実である。

このときおそらく、義次の両親、弟二人、妹一人（これが須藤カヨの母親である）のうち、少なくとも一部が同時に戸籍を得たものと思われる。そうでなければ、カヨが須藤姓を名のり、また大正十二年（一九二三）七月に出生してほどなく入籍されている事実の説明がつかないからだ。「がんざわ」には義次、タマ夫婦の家族いがいに、義次の両親がいたことははっきりしており、ほかにも住んでいた一族があったようだ。カヨは、自分たちの姓は現在の東京都江戸川区小岩在の農民に由来すると語っているが、これは何かが誤り伝えられたのであろう。

力次は十二歳のころ、父義次のいとこ弥平のもとへ奉公に出る。弥平は当時の東京府小岩村で大工をしていた。弟子が十人ほどもいたらしい。力次は、この小岩で関東大震災（大正十二年九月一日）に遭う。それで、いったん塩谷へ帰るが、ひと段落してからまた小岩へ行き修業を再開した。しかし長くはつづかなかった。弥平が茶屋の女と駆け落ちをして、弟子たちはみな親方のところを出てしまったからである。

力次は、そのあと埼玉県浦和市の絹天《きぬてん》の会社で働いた。絹天は絹ビロードの一種で、足袋や鼻緒、夜具襟などに用いる。そこには越後から来た女工がたくさんいた。ここに五年ほどいて、次は東京・本郷の製本屋だった。彼は栃木県の今市で徴兵検査を受けたが、丙種合格で結局、召集はされなかった。体は強健であり、四肢のバランスもよくとれているのに丙種とされたのは、たぶん文字能力を欠いていたためではないかと思われる。

昭和二十二年に、十四歳年下のいとこ須藤カヨと結婚して宮前村に住んだ。そのあたりは、いまでこそ広く開けた田園地帯になっているが、当時は藪のしげった未墾地がまだら状に点在する、ものさびしい場所であった。その藪陰の一角に数戸の小屋が建ち、合わせて十人からの箕作りが暮らしていた。みな夫婦と血縁関係のある一族だった。

力次は、そのころ箕作りはできなかった。子供じぶんから奉公に出されて、おぼえる折りがなかったのだ。彼は材料採りを担当した。近在の山野を歩いて藤や篠、腕木に使うヨツドメ、エゴノキを伐り、背中に負って運んでくるのである。だれに似たものか、彼は足達者ぞろいの仲間のうちでも、飛びぬけて足が速かった。自転車には乗れなかったが、そんなものは必要ではなかった。箕の材料を背中いっぱいに負ったまま、走っている自転車を追い抜けたのである。本当に飛ぶように速かった、彼を知る人たちはいまも、そう口をそろえている。いつのころからか「飛行機力ちゃん」のあだ名で呼ばれるようになっていた。「宮前の飛行機」と言う人もいた。空身《からみ》だと、村の隣の町場へ二十分で往復した、そうカヨは証言している。そこまでは片道で約三キロだから、時速十八キロほどになる。短い距離ではあるが、ペースでいえば一流のマラソン選手のスピードに近い。しかも彼は走っていたのではない、「歩いて」いたのである。

昭和二十年代から三十年代の半ばごろまでは、箕は作りさえすれば、いくらでも売れた。カヨの父、村岡寅吉を中心とした集団は、卸売りを主にしていた。彼らには宇都宮の仁科商店など五つほどの取引き先があった。そのどこかから連日のように催促の葉書きが届いた。当時、仲卸しの一人だった仁科弘（大正十二年生まれ）は、「売るよりも、仕入れの方がずっとたいへんだった」と話している。

力次ら男たちは材料集めに追われた。宮前の周辺に材料は、もはやほとんどなかった。採りつくしてしまったのだ。とくに藤の不足が、はなはだしかった。力次は日光の奥や鬼怒川温泉の奥あたりまで出かけるようになった。炭焼きの小屋に泊めてもらいながら、藤を集めては最寄りの駅へ運び鉄道で託送したあと、また山へ引き返すのである。

そんな時代になるちょっと前の昭和二十三年か二十四年に、力次、カヨ夫婦と、村岡寅吉、須藤ヨネ夫婦（カヨの両親）の四人で、鬼怒川温泉の奥へ藤を採りにいったことがあった。東武鉄道鬼怒川線の藤原駅（現在の新藤原駅）までは電車に乗った。当時は、ここが終点だった。それから、いまの「日塩もみじライン」の取っつきあたりまで歩いて、そこに天幕を張った。ぼろ布を縫い合わせたテントで、彼らはテンパリ（天張りの意であろう）と呼んでいた。骨組みは、そのへんの木を切って組んだ。

近辺で三日か四日ほど藤採りをした。運の悪いことに、ほとんど毎日、雨が降った。しかし、天幕は「急張り」にしてあったので、雨が漏ることはなかった。夜は、その中で四人が、ごろ寝をしたのだった。暖かい季節であったから夜具類は持っていかなかったのである。彼らは天気さえよければ、もっと長く滞在するつもりであった。

力次もカヨも、テンパリに泊まったのは、このときだけだと言っている。このようなセブリの利用は、彼らの集団に関しては親の代くらいまでであったようだ。

戦後、箕作りの社会が好景気にわき返った時代は、十数年つづいた。だが、そのあとに、たそがれがふいにしのび寄ってくる。見るみるうちに箕が、さばけなくなった。日本経済が高度成長期にさしかかったころで、各農家がきそって機械を導入しはじめたのである。力次やカヨのきょうだいの何人かは商売替えをした。しかし、カヨは相変わらず箕をぶちつづけた。転職してみたところで、もっと条件のよい仕事に就ける見通しはなく、また転機のきっかけもなかった。

力次が自分で本格的に箕を作るようになったのは、昭和四十九年ごろのことである。六十五歳になっていた。妻カヨが骨そしょう症にかかって入院したため、やむなく始めたのだった。とはいえ、箕の製作は子供じぶんから父親のそばで見ており、要領のおおかたはわかっている。材料の扱いについては並の職人よりずっと詳しく、あっという間に一人前になった。彼は九十二歳まで山へ入って材料を集めては箕を作っていた。

わたしが初めて夫婦のもとを訪ねたのは、平成十五年春のことである。力次は九十四歳、カヨは七十九歳だった。

3　連絡網は存在した

武蔵サンカの指導者格の一人であった久保田辰三郎と、その妻松島ヒロ一家のことは、第一章や第二章でひととおり紹介した。ここで述べようとするのは、もっぱら夫婦の四女のことである。もう少し詳しくいえば、彼女の二度目の結婚をめぐるいきさつだ。これまでのどの項にもまして、仮の人名、地名が多く出てくるが、その理由は読んでいるうちに、わかっていただけると思う。

松島ヒロの四女、美佐子（仮名）は昭和二十二年八月の生まれである。学校へは行っておらず、文字は全く理解できない。きょうだいたちのうちで、もっとも野性的で束縛をきらう性格であったようだ。わたしは、この人に何十回も会っているが、それはいまも大きくは変わっていないようにみえる。

美佐子は若いころ一度、結婚している。子供が二人生まれたが、一人はすでに死亡したようだ。その経緯については、これからの話とはかかわりがない。

彼女は夫と別れたあとの昭和六十二年ごろ、東京・浅草のラーメン屋で働いていた。住み込みだった。紹介する人があって茨城県・潮来《いたこ》のキャバレーから移ってきたのである。

勤めはじめて一年ほどたったころ、店の経営者夫婦が、

「美佐ちゃん、きょうはいい人に会わせてあげるからね」

と言って、一人の男性を連れてきた。彼女は、三十すぎのその男性に見おぼえがあった。ときどき店に顔を出していたからだ。これがすぐあと彼女の二人目の夫となる宇田兼吉《かねきち》（仮名）である。

「美佐ちゃん、よかったらあの人といっしょにならない？　向こうは、そうしたいって言ってるんだけど」

兼吉が帰ったあと店主夫婦は、そう訊いた。

彼女に異存はなく、二人は結婚した。といっても、籍に入ったわけではない。内縁関係であった。

このとき美佐子は四十歳、兼吉は三十二歳だった。

宇田兼吉は建設現場の作業員をしていた。この当時は足場鳶《あしばとび》の会社で働いていた。ビルなどを建築するさい外壁に沿って鉄パイプの櫓《やぐら》を組み、その上で作業をする仕事だ。会社は元山建設（仮名）といい、東京都江戸川区に本店があった。

二人は、いっしょになったあと一カ月くらい元山建設の社長宅にいて、それから千葉県八街《やちまた》市の資材置き場兼飯場へ移る。これが昭和六十三年夏ごろのことらしい。資材置き場は元山建設が新しく作ったものであった。二人はそこで寝起きしながら、美佐子は賄いの手伝いをした。飯場には兼吉の兄

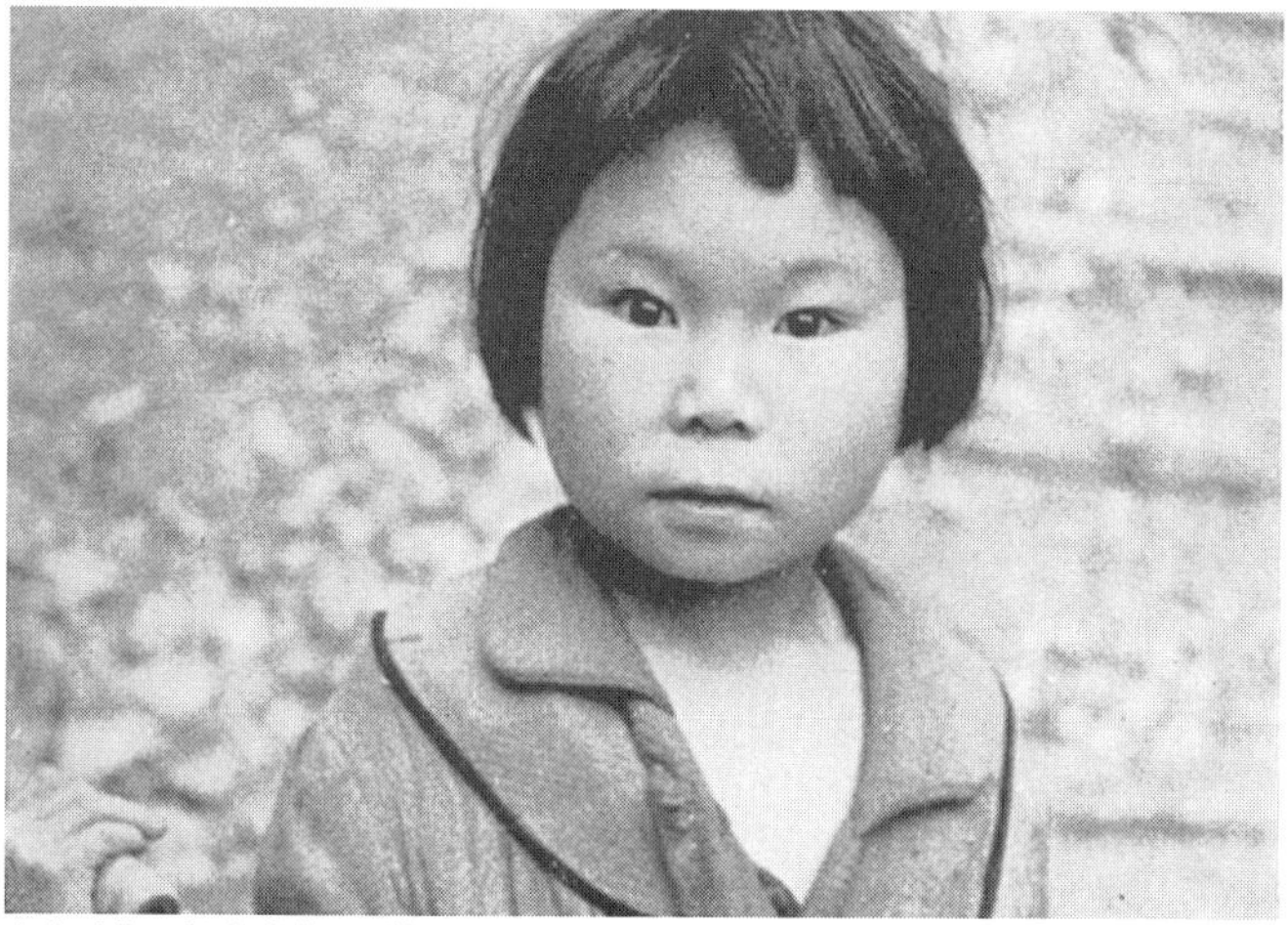

少女時代の松島美佐子（『サンカの社会資料編』から）

もいた。

平成三年に彼らは元山建設の飯場を出る。兼吉は兄といっしょに自分たちで仕事を請負うことにしたのだ。この業界では二人、三人が組んで孫請けの、そのまた孫請けくらいに入るといったことが珍しくなかった。二組の夫婦は千葉県木更津市内に一軒の家を借り、そこで共同生活を始めたが、やがて行き詰まる。妻どうしの仲が、こじれ切ったのである。建設業界にしのび寄っていた不況の影響もあったのかもしれない。

美佐子は兼吉を連れて埼玉県東松山市へ帰ってくる。そこは彼女にとって故郷ともいうべき土地であった。ここで七歳年上の長兄、始らきょうだいと再会する。夫婦は始を加え、いっとき市内の長屋などで暮らしたあと、ずっと昔、父や母らと住んだことがある同市上押垂《かみおしだれ》の都幾川の河原へ住まいを移した。三人は初め、大きな木の下に布団だけを敷いて寝ていたが、そのうちどこからか材木を集めてきて粗末な小屋を建てたのである。平成八年のことだった。

兼吉は近くの土木建設業者のところで、始は農家で日傭《ひよう》稼ぎをすることが多かった。兼吉がいちばん長く働いていた同市神戸《ごうど》の建設業、捌幡《やつはた》忠男は、

「兼吉という男は、仕事はとても達者だった。これまで何十人もの人間を使ってきたが、あんなにできる男はいなかった」

と言っている。ただ気まぐれな面があり、給料をもらったあとなど何日もつづけて休むことがあった。

三人が都幾川の河原で暮らしはじめて三年余りたった平成十一年十月十四日、兼吉と美佐子は捌幡の家で薪《まき》を割っていた。捌幡家では薪の風呂を使っており、その燃料用の古木材を伐りそろえていたのである。午後三時ごろ兼吉は立ち小便をしたあと、急に気分が悪いと言ってうずくまった。捌幡は夫婦を自分の車に乗せ、河原の小屋へ運んだ。兼吉が急死したのは、その翌日の未明である。脳出血であったらしい。四十四歳だった。

葬儀の面倒をみたのは近所の農民、松崎昭三と京子夫婦である。兼吉らは松崎家の仕事も、よく手伝っていた。

葬儀にさいして困ったことがあった。兼吉の身元がはっきりしないのだ。美佐子に訊いても要領を得ない。ただ、市役所から生年月日と、本籍地として名古屋市守山区のある番地を連絡してきた。兼吉には前科があったようで、その折りの記録によったものらしい。彼は生前、周囲の人びとに自分は東北地方の生まれだが、名古屋の親類の家へ養子に入ったと話しており、そこのことだと思われた。

松崎夫婦は遺骸が火葬されたあとすぐ、先の住所へ、ことの次第を伝える手紙を出した。しかし、どういうわけか、なんの返事もなかった。兼吉はいまも、身元不詳の仏として、東松山市内のある寺に眠っている。

美佐子は兼吉と暮らした十年余りのあいだに、三回か四回くらい夫の実家へ行ったことがある。いずれの場合も正月か盆であったようだ。彼女が、それだけの回数、兼吉の生まれ故郷を訪ねていながら、そこの地名を松崎らに告げることができなかったのは、おおかたは文盲のせいだといってよいだろう。美佐子は何時間も列車に乗ったあと降りた駅の名前も、その次に乗ったバスの車体に記されていた文字も、実家のある村のバス停の記載も、全く理解できない。それに彼女は、そういうことにはさして関心を示さないタイプの女性でもある。自分が経験したことを順序だてて話すことも苦手だった。

兼吉が生まれたのは東北地方北部の、人里はなれた山村である。ここでは仮に「奥石」の名で呼んでおきたい。そこは四つの小集落からなり、合わせて六十世帯ほどの住民がいる。このような村がたいていそうであるように年々、過疎化が進んでおり、子供や若者の姿をめったに見かけない。

奥石は箕作りの村である。それも典型的な箕作り村であった。ほんの何十年か前まで村の家は、一戸残らず箕を作っていた。出稼ぎという生き方が可能になる昭和三十年代以前には、箕作りだけを主な生業にしていた。せいぜいで炭焼きが、わずかにそれを補っていた程度にすぎない。

「お父さんの村ではね、箕を作ってる人がたくさんいました」

平成十四年五月、わたしが初めて美佐子に会ったとき、彼女は話の途中でぽつりと、そうつぶやい

「奥石」の中心部を遠望する。(平成14年８月15日)

たのだった。「お父さん」というのは、八歳年下の亡くなった夫のことである。彼女は村の名前は言えなかったが、ＪＲの最寄り駅についてはおぼえていた。

わたしは美佐子のひとことに、のけぞった。彼女は埼玉県中部域で移動生活を送っていた箕作りの娘である。その女性が、たまたま東京で出会って結婚した相手が、何百キロも離れた箕作り村の生まれだったというのだ。これは偶然などではない、耳にしたとたん、そう確信した。何者かが、さりげなく二人を結びつけるような役割を果たしたのである。つまり埼玉県の移動箕作りと、東北北部の箕作り村とをつなぐ糸が存在するということにほかならない。しかも、少なくとも美佐子の方は、そんな連絡網があることに気づいていない。「サンカの徒が普通人の零落して、偶々《たまたま》変形したる者に非ざる一証としては、彼等の間に完全なる統一と節制とあることを述べざるべからず」。わたしは『「イタカ」及び「サンカ」』中の一節を思い浮かべながら、美佐子から聞き取りをつづけた。

箕作り村というのは、すでに述べたように一県に多くても数カ所しかない。美佐子の話から兼吉の生まれ故郷が奥石であることは、すぐにわかった。わたしが初めてそこを訪ねたのは、平成十四年の八月十四日から十五日にかけてのことだった。山中深くに孤立した、ごく小さな村である。行きさえすれば、ただちに兼吉の実家は突き止められると思っていた。ところが、その作業は思いもよらず難航し、ようやくそれらしい家族に会えたものの、先方は兼吉とのかかわりをきっぱりと否定したのである。

奥石からいちばん近いJRの駅がある町には、農具や刃物、駄菓子などを商う古風なたたずまいの店が何軒も残っていた。ちょうど盆のこととて商店街には真竹の柱がずらっと並び、そのあいだに渡した綱から多数の提灯《ちょうちん》がぶら下がっていた。このへんでは真竹は生えない。もっと南の方から運んできたのだと地元の人は話していた。

町の図書館で住宅地図のコピーを取り、夕食をすませてから奥石へ向かった。奥石は、標高七百メートル前後の尾根が南北に延びる、その尾根筋近くにあって村の最高所は六百メートルを超している。当然、気候は冷涼であり、水田が開かれたのは戦後になってからである。それまでは稗《ひえ》、粟、ソバ、大豆などを細々と作っていた。尾根のどちら側の村からも四キロばかり離れており、つい近年まで「陸の孤島」の名そのままの草深い仙境であった。その日は村の様子をひととおり眺めただけで、林道のはずれに停めた車の中で寝た。

翌日、十数人の村人に声をかけて、兼吉という男性に心当たりがないか訊いた。彼が名のっていた

「宇田」の姓は養子先のものだと思われる。げんに宇田姓の家は奥石にはない。だから手がかりは、兼吉の名前と生年月日、名古屋へ養子に行った、この三つくらいであった。わたしは、それだけですぐ彼の実家が判明するものと考えていた。しかし、おおかたの人が首をかしげたのである。ただ、なかの二、三人が「高村佐一郎」（仮名）の名前を挙げた。佐一郎の腹違いの弟ではないかというのだ。

高村家は、村ではいちばん人家の集まった地域にあった。案内を乞うと、六十歳すぎとおぼしき男性が顔を出した。佐一郎に違いない。用件を告げたとたん顔色が変わり、「うちではない」「そんな者はいない」と、けんか腰ともいえる態度で否定した。それから「うちだということを、どこで聞いたのか」とたずねるので、「下の方で」と答えたら、「よし、そんなでたらめ言うなら、俺が行って文句を言ってやる」と声を荒げるのだった。

そこへ七十代前半くらいの女性が現れた。この人がサヨ（仮名）であろう。佐一郎の継母であり、兼吉の実母だと思われる女性だ。初めから、わたしたちのやり取りを聞いていたとみえ、「それは、うちじゃありません」と、きっぱりとした口調で言った。つづいて佐一郎に向かい、

「この人はカネイチ（兼一か）と兼吉《かねきち》をまちがえて、そんなこと言ってるんでしょ」

と、わたしにはとても不思議に聞こえる言葉を二度ばかり繰り返して佐一郎をいさめるのだった。これ以上は取りつく島がない。わたしは、やむなく高村家を辞去した。

佐一郎の弟が一、二年前に死亡したらしいとの話は別の住民から耳にしていた。どこで、どのようにして亡くなったのかわからないが、その弟の名前が兼一だということであろう。そうすると、この兼一は兼吉と同一人物になりはしないか。だが、そんなことがあり得るだろうか。養子に行けば姓は

変わる。しかし名前は、そのままではないのか。それに兼吉が死んだことを知っていて、遺骨を受け取りにいこうとしないこともおかしい。

このあとも奥石で、さらに聞き取りをつづけたが、結局はっきりさせることができず、いったん千葉県の自宅へ引き返した。

翌年の九月一日、わたしは奥石を再訪している。

高村佐一郎の父、喜三郎は先妻キミとのあいだに二人（いずれも男）、後妻サヨとのあいだに五人（男三人、女二人）の子をなしている（以上は、すべて仮名）。サヨが産んだ男子三人のうちの一人が「宇田兼吉」ではないかというのが、わたしの想定であり、それを裏付ける確かな証拠を得たかったのである。結論からいえば、それはできなかった。しかし状況証拠からみて、まずまちがいあるまいと思っている。

この村の住民は、ほとんどが親類関係にある。最初の訪問の折り、とても親切にしてもらった木部達男（仮名）は、兼吉より三歳の若年だ。さらにサヨの子供たちいずれとも年齢が近い。彼らについて知らないはずはないのに、記憶にないと言っていた。木部が佐一郎といとこどうしであることを教えられたのは、二度目に奥石を訪ねたときであった。木部の好意には、いまも感謝以上の気持ちを覚えているが、サヨの子供たちについては正直に語っていないと考えるほかない。

振り返ってみれば、高村佐一郎もサヨも、わたしが来ることを前もって知っていたような気がする。もしそうなら、だれかから連絡があったことになる。

宇田兼吉と松島美佐子を結びつけたのは、兼吉がかつて勤めていた元山建設の経営者であろうと推測される。美佐子は、その人物を「江戸川の社長さん」と呼んでいる。「江戸川」は東京都江戸川区のことだ。元山建設の本店や社長宅の所在地である。

美佐子の長兄始は以前、末弟といっしょに千葉県八街市の飯場に兼吉と美佐子を訪ねた折り、「江戸川の社長さん」に会っている。相手は彼に向かって「お前は久保田辰三郎の息子か」と言ったという。辰三郎を知っていたのだ。そうして奥石とも深いかかわりをもっているに違いない。

元山建設の本店は以前、地元のある資産家の所有地にあった。その資産家の娘は、宇田光雄（仮名）という男性と結婚している。兼吉と同姓である。おそらく名古屋の養子先の弟ではないかと思う。

資産家の当主は平成十三年に死去している。土地の農民だったが、生前は妻とともに、ちょっと変わった季節的生業に従っていた。その副業は古くから被差別民の仕事とされていた。一帯は、もとは被差別部落であったかもしれない。

「江戸川の社長さん」が、いま（平成十五年春）も存命なのかどうか、わからない。始は、自分よりうんと年上だったと話しているが、元山建設の現社長は六歳ほど若年である。息子が跡を継いだらしい。

「江戸川の社長さん」については、語るほどの材料をもっていない。ここでは別のことを述べようと思う。それは奥石のことだ。奥石という村の不思議さである。

①奥石には姓の種類が、とても多い。平成十四年夏の時点で五十八世帯あったが、姓の数が三十一にものぼっている。四戸が名のる姓が一つ、三戸が七つ、一戸だけの姓が十三もある。山中に孤立し

た、このような小村では、ふつうは姓の数は二つか三つ、せいぜいで五、六ではないか。全戸ことごとく同姓といったところも珍しくはない。

この現象はおそらく、奥石の住民が一家族くらいずつ、それも異なった時期に各地から、ばらばらにここへやってきて定住したことを意味しているのではないか。並の農村であれば、そのようなよそ者を相次いで受け入れることは決してないだろう。

②十八世紀の後半に書かれた資料は、奥石について次のように述べている。「高六十石八斗余　地下皆圃《ほ》　馬牛三十七疋《ひき》　民戸三十軒　八十四人　以木皮造箕　挙世謂《いう》之奥石箕　所謂《いわゆる》此地之為名産」。圃とは畑のことである。畑ばかりで田んぼは一枚もなかったのだ。なお、「奥石箕」のところは、もとの字を換えてある。

この記載から奥石が、二百年以上も前すでに、まぎれもない箕作り村であったことがわかる。さらに三十戸で三十一もの姓があるわけはないので、この間に新たに流入した人たちがいて、それがみな箕作りを生業にしていたことになる。昭和三十年ごろまで、この村で箕を作っていない家は一軒もなかった。

③村には寺院も、社殿をかまえた神社も全くない。江戸時代すでに三十世帯もの民家があったのに、氏神をもたないのである。これも、かなり珍しいことだと思う。その理由については、いろんな解釈が可能だろうが、要するに住民それぞれの宗教が違っていて、それが統一されるほどの時間がたっていないということではないか。姓の数が多いことと軌を一にしているようにみえる。あるいは、村民ぜんたいに影響を及ぼし得る階層が存在しなかったということもあるかもしれない。

④少なくとも明治初期まで、偽金《にせがね》を造っていた確実な証拠がある。まず、「銭沢《ぜにざわ》」なる小地名だ。ここで偽金を造っていたとの伝承が村にはあり、じっさいに戦後そこから、江戸期の穴開き銅銭が玉ねぎ大にくっついた塊で出土している。

さらに村に住む坂本俊雄（仮名、昭和五年生まれ）の証言である。俊雄の祖母ムメ（仮名）は慶応年間（一八六五—一八六八年）の生まれだった。彼女が子供のころ、村はずれ（銭沢に近いが別の場所）に鉄吹《かねふ》きの一家が住んでいた。砂鉄から玉鋼《たまはがね》を精錬していたのである（ただし、そう称していただけかもしれない）。村ではいまでもそうだが、豆腐は各家で自製する。しかし、例えば学校の教師の家庭などではそれをせず、作った家から譲ってもらっていた。ムメはある日、親に言われて鉄吹きのもとへ豆腐を持っていったところ、お礼に前掛けいっぱいの穴開き銭をもらったという。偽金であった。彼女の年齢から考えて明治十年（一八七七）前後の話であろう。

穴開き銭は明治になっても通用していた。いや、ずっとのちの昭和初期でも、納税代金などとして使われることがあったのである。このような違法行為が、ほかのところでもままあったのかどうか、わたしには判断がつかない。

⑤奥石はマムシ捕りの村でもある。といっても生業にしていたわけではないようだ。自分たちの食用に捕っていた。村の中年以上の男でマムシを捕まえて食べたことがない者はいない、と何人もから耳にした。女でも、そうすることは、いくらでもある。マムシを見つけると、そのへんの木切れで押さえつけておいて、首筋を利《き》き手の親指と人さし指でぎゅっとつかむ。小さいものであれば、その場で皮をはぎ生のまま食べる者も多い。大きいものは家へ持ち帰り、串刺しにし塩をまぶして焼いたあ

と食べる。先の坂本俊雄は「どちらもうまい。あのうまさは食べた者でないとわからない」と言っていた。

この村では、マムシはいまも盛んに捕っており、それに関連する話はいくらでも聞くことができる。尾根の東側にはマムシ捕りを商売にしていた男もいた。戦後、間もなくのことである。なお、松島始によれば、宇田兼吉も都幾川の河原にいたとき、よくマムシを捕まえていたという。

⑥先の高村家（現当主は佐一郎）は、屋号を「風呂《ふろ》」という。そのことをわたしに教えてくれた人は、なぜなのかわからないと言っていた。風呂の言葉で思い出されるのは、江戸後期の国学者、本居《もとおり》内遠《うちとお》（一七九二―一八五五年）の著書『賤者考』に見える次のような記述である。

又海部郡加田浦・木本村・西ノ荘・名草郡松江村のうちなどに、風呂といひていやしむる一種ありて夙《しゆく》と同じ、その者を風呂統《ふろすじ》の者といひ、居る所の辺を皆風呂垣内《ふろがいと》といふ、其由詳ならねど、（中略）さて此風呂も同火はすれど婚はせぬを、たま〳〵平民の乏しきはひそかに縁を結ぶもあり、さる家をさして、半風呂とぞいふ、

『賤者考』は、内遠が紀州（和歌山）藩士であった関係から、おおかたは紀州での見聞によっている。その地にいたという「風呂」の名で呼ばれた、ある種の被差別民と、東北地方北部の山村に残る「風呂」の屋号とに何か通じるものがあるのかどうか、わたしにはわからない。

第五章　ウメアイ考

1　関東の箕作り村で

サンカとは何か。この問いに自分なりの解答を求めて、わたしがまず選んだフィールドワークの方法は、各地に散在する箕作り村を一つひとつ訪ねてまわることであった。それによって、しかとした答が得られる見通しがあったわけでは、むろんない。だが、ほかにはフィールドに当たるものは思いつかず、とにかくその作業によって何が見えてくるのか確かめてみようとしたのだった。

箕作り村とは、すでに紹介したように、数十戸まれには百戸を超す一村全世帯のほとんどか、大半が生業として箕の製作にたずさわり、しかも箕の製作によってのみ生計のおおかたを維持してきたような村落のことである。各府県に一村ないしは四、五カ村ほどの割合で存在する（あるいは、した）のがふつうだが、わたしのこれまでの取材では全く見つからなかった県も、いくつかある。

わたしが初めて箕作りの村を訪れたのは、二十一世紀の第一年目、平成十三年四月八日のことであった。関東地方の平野部に位置するその村の名を、ここでは仮に豊迫《とよさこ》村としておこう。仮名にしたうえ、所在する県名まで伏せたのは、そうしなければ、すぐどこのことか特定できるからである。関東は農家の数にくらべて箕作り村が少なく、それをおぎなうかのように、かなり最近まで移動箕作りの姿が多く見られた地域であった。それがなぜなのか、わからない。

豊迫は二つの字《あざ》からなり、昭和九年の世帯数は九〇、人口は五九九と記録されている。現在は合わせて七十数戸だが、それも老人の独り暮らしがかなりあって、年々、漸減の傾向にある。

豊迫は関東地方に多いローム層の台地の突端に位置して、下から近づくと丘上の村のように見える。中心部は車一台がやっと通れるくらいの道が屈曲しつつ、またアップダウンを繰り返しながら家々のあいだを縫っている。いつ来ても、なんともいえない風情を感じさせる、しっとりとして美しい集落である。昭和三十年代の半ばごろまでは、ほんの二、三軒をのぞくほとんどの家庭が箕作りを主な生業とし、それによって子供を育て学校へやっていた。

平成十三年春のその日、村はひっそりとしていた。いや、特別のときでないかぎり、いつもそうなのであろう。ここでも過疎化が音もなく進行しているようだった。わたしは妻とともに村なかの道を車でゆっくりまわりながら、話を聞けそうな人をさがした。だが、なかなか人の姿を見かけない。間もなく村はずれへ出るというころ、広い庭をかまえた農家があり、その一角で四十代とおぼしき男性が、なにかの作業をしていた。

「お仕事中、まことに恐れいります。ちょっとおうかがいしたいんですけれども、この近くで、まだ箕を作っておいでの方をご存じないでしょうか」

わたしの取材は、いつもこのようにして始まる。どこを訪ねるにも、だれかの案内を乞うたり、紹介を得たりしたことは一度もない。

「箕？　箕なら、そこで作ってるよ」

男性は、こともなげにそう言い、庭の反対側に見える農具小屋のような建物を指さしたのだった。そこは農具置き場と車庫を併設した作業場になっていて、六畳ほどの畳敷きの部屋で女性が二人、箕を織っているところだった。藤箕である。のちにわかることだが、一人は大正十年（一九二一）生まれ、もう一人は昭和六年（一九三一）生まれで、このとき八十歳と六十九歳であった。二人の名前を仮に神崎ミネ、高木ハツとしておこう。ミネは隣家の主婦で、ハツはこの家の主婦であり、先の男性の母親である。

箕は初め、ふろしきに耳の付いたような凸の字形に織り上げ、それからちり取りの格好に折り曲げるのだが、凸字形のものをここでは「板《いた》」と呼んでいる。二人は、いま板を織っているさなかで、あたりにシノ（篠竹）の削りくずや、藤皮の切れはしが散らばっていた。そうして、高木ハツの右手のわきに両刃《もろば》の刃物が無雑作に転がっていたのである。「ウメアイだ」わたしは息をのんだ。あとで記すように、この両刃の刃物はウメアイまたはウメガイの名で呼ばれ、サンカの象徴だと何人かの研究者が報告しているからである。

二人はたったいままで、それでシノの肉質部をそぎ取ったり、藤皮を切りととのえたりしていたはずであった。彼女らは、こもごも箕作りのことを、わたしたちに語ってくれた。板を織るのは昔から女の仕事で、材料の調達と腕木を付けるのは男の役目だった、といったようなことである。突然の、見ず知らずの訪問者を前に、この人たちはどこまでも親切で率直であった。そもそも当方が何者なのかさえ、たずねようとしない。

「ところで、その両刃の刃物は、なんと呼ぶんですか」わたしは折りをみはからい、なにげない口調で訊いた。

「これですか」高木ハツがウメアイを手に取って言った。「これは箕作り小刀《こがたな》といいます。これでシノを削るんですよ」

その刃物は全長が目測で二十二センチ前後、全長の三分の二強が刃渡りで、三分の一たらずが木製の柄になっていた。刃部は真っすぐに伸びた両刃で、ふつうの包丁ほどの厚さだった。鎬《しのぎ》は、ほとんどなかったように思う。

「どこかで売ってるんですか」

「さあ、わかりません。前から家にあったものだから。だけど買ったものじゃなく、鍛冶屋に作ってもらったんだと思いますよ」

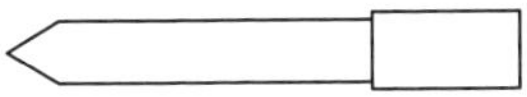

ハツが、なにごとか隠しているような様子は、みじんもうかがえない。わたしは、それ以上のことは訊かなかった。そのウメアイを、じっくりと観察もしていない。
わたしは、ほんのメモ代わりといった軽い気持ちで、ハツがウメアイを握っているところなど三枚の写真を撮らせてもらった。いま思い返すと粗雑すぎる撮影であった。なぜ、そんなことで終わったのかといえば、このあと訪ね歩くつもりでいる、あちこちの箕作り村でいくらでもウメアイを目にする機会があるだろうと思ったからだ。なにしろ、初めて訪れた箕作り村の、初めて会った箕作り職人の作業場で、いきなりこれに出会えたのである。

女性の右手のそば、座ぶとんの上に見えるのがウメアイである。横の工具２本は木太刀（平成13年4月8日）

やがて神崎ミネが座をはずし、入れ替わるかのように農作業から戻ってきたハツの夫、高木敏夫（仮名、昭和七年生まれ）が話にくわわる。敏夫の家系は代々の箕作りだが、彼自身は箕作りは手伝う程度で、もっぱら箕の行商に歩いたということであった。

「若いじぶんは、その方がおもしろいもんでしょうが」

行商は、この人の場合、いつも日帰りだった。自転車の荷台に十枚ほどの箕を乗せ、早朝五時ごろに家を出て近郷をまわった。昭和二十三年当時で箕一枚の小売り値が四百円前後であった。この年の警視庁巡査の初任給は、基本給の月額が二千三百四十円と記録されている。手当て、ボーナス込みで年収五万円くらいになっただろうか。高木家では家族で年間およそ千枚の箕を作っており、もし全部小売りでさばいたとしたら四十万円という計算になるが、それはとうていできることではなく大部分は卸しに回していたので、手取りとしては半分ほどであったか。いずれにしても、悪い稼業ではなかった。この村では箕以外の竹細工は、昔からいっさいやっていない。

農業にしたって適地に乏しく、いまのように土地改良がすすむ前は、せいぜい自給の一部に当てる程度にすぎず、いわば箕一本でおおかたの家が生きてきたのである。

夫婦のどんな話も、わたしには新鮮でおもしろく、いつの間にか昼食どきをとっくに過ぎていた。わたしたちは、あつく礼を述べて高木家を辞去した。作業場の縁側に二時間近くいただろう。半顔がうすあかく焼けていた。せめてもの感謝のしるしに洋菓子を買い、もう一度、夫婦のところへ戻って渡すと、どうしてもといって穫れたての筍《たけのこ》をひとやま進呈されたのだった。

ウメアイを手にする高木ハツ（平成13年4月8日）

わたしは、その年のうちに十カ所ばかりの箕作り村をまわった。どこへ行っても必ず、両刃の刃物のことを訊いた。しかし、使っていると答えた人はいなかった。使っていたという答も、見たことがあるという確かな話も全く聞かない。目にした刃物は、ことごとく片刃であった。わたしはようやく、箕作りだからといって、だれもがウメアイを所持していたわけではないらしいことに気づかされた。ざらにある道具ではないようだ、そうわかったとき、わたしは高木家のウメアイの由来を知っておく必要があると思った。できることなら譲ってもらおう、そんな期待をもってもう一度、豊迫を訪ねたのである。桜の季節ただなかのあの日から八カ月ほどたった平成十三年十二月十日のことだった。

前回と同じように、わたしは妻といっしょだった。高木夫妻は、わたしたちのことをよくおぼえていた。彼らは、なんの恩義もゆかりもない訪問者を、相変わらず親しみのこもった、あたたかい言葉で出迎えてくれるのだった。ただ敏夫は田んぼの畔《あぜ》に土嚢《どのう》を並べる作業があるとかで、「すぐ戻ってきますから」と言い残して息子とともに軽トラックで、どこかへ出かけた。

高木ハツは、この日は箕織りはしていなかった。すでに小遣い稼ぎ、暇つぶしのようなものになっているらしい。春には姿が見えた神崎ミネは、この夏を最後に作業をやめてしまったということだった。

わたしは、ひととおりの挨拶がすむのももどかしく、気になっていた両刃のことを訊いた。ところが、ハツはけげんそうな表情を浮かべて知らないと答えたのである。わたしは狐につままれたような気分になった。いったい、どういうことなのか。この田舎のおばさん風の、あくまで人のよさそうな婦人の顔には、なんの邪心の色もうかがえず、嘘をついているようには見えない。

彼女は、こちらが頼んだわけでもないのに、作業場の棚に置いてあった新聞紙の包み二つを取り出して中を見せてくれた。使いこまれた様子の、片刃の小刀が三本くらいずつ入っていた。この村でも、片刃がむしろ普通なのであろう。

十分か十五分ほどのち敏夫と息子が帰ってきて、主に敏夫が話を引き取る。だが敏夫もまた、両刃の存在を否定するのだった。わたしはメモ帳に、ここで目にしたウメアイの図を書いて、こんな刃物ですが、と言った。

「槍の穂先のような小刀《こがたな》でしょうが」

敏夫は、わたしには意味深長にひびく言葉とともに、しかしきっぱりと、「そういうものは、ここにはありませんよ」と答えるのである。

わたしは前にうつした写真のことは口に出さなかった。写真を撮ったとき敏夫はその場にいなかったが、ハツがあとで話したはずである。こちらが写真を撮ったことを承知のうえで、夫婦は両刃の刃物の存在を否定しているのだ。そこには、この件に関するかぎり、なんとしてもしゃべるわけにいかないという強い意志が隠されていることは明らかだった。夫婦はわたしたちには、なんの義理もない。全くの善意だけで貴重な時間をさき、わたしたちの応対に当たっているのである。そういう相手に対して、刑事が被疑者に物的証拠を突きつけるようなことが許されるはずはないのだ。わたしは話題を変えた。ほかのことでは、夫婦とも前回と変わらず丁寧に率直に話してくれるのだった。この日わたしたちは高木家に一時間半ほどいた。そのあいだ夫婦は、この前と同じように、こちらの名前を訊かず、わたしの方もまた、つい言いそびれたまま訪問を終えたのだった。

帰宅してすぐ、八カ月前の写真を引っぱり出した。三枚のうち二枚にウメアイは写っていた。だが、ハツが、それを手にしている方の一枚は、間《ま》の悪いことにカメラの角度が刃部と、ほとんど平行になっていて両刃か片刃か判然としない。もう一枚は、角度はまあまあながら、ウメアイに焦点が合っておらず、かろうじて両刃らしいとわかる程度の写りであった。これでは、たとえ高木夫妻に見せていても、両刃であることを否定されたかもしれない。しかし、わたしにはそれで十分だった。取材ノートには図も書いてあるのだ。そもそも、この種のことを誤認するはずがない。

年が明けた一月九日の午後、わたしは神崎ミネのところへ電話をかけている。前にハツといっしょにいた女性である。このとき前年の八月に夫が八十三歳で病死し、それをしおにミネは箕織りをやめたことを知った。彼女もやはり、両刃の刃物のことは知らないと答えた。口止めされたと考えるしかあるまい。

わたしたちが三度目に高木夫妻のもとを訪ねたのは、最初の訪問から一年半ほどたった平成十四年九月二十二日であった。このときは前日の夜、もう一度おじゃまさせていただけないものかと電話でうかがった。それに対し、敏夫からは「ぜひ、おいで下さい」とこころよく答えてもらえた。こちらの関心がウメアイにあることは、すでに承知のはずである。そのうえでの快諾だったから、ウメアイの秘密が語られるものと期待できた。

わたしは、それまで豊迫のほかの住民からウメアイの取材をすることも考えてみたが、ずっと思いとどまってきた。そんなことは高木夫妻への背信のように感じられたからだ。話を聞きたいなら、まず夫妻を説得することが筋ではないかと思ったのである。

高木夫妻は前二回にもまして率直だった。敏夫は、その家系について、あかの他人の当方に詳しく話した。高木家は敏夫で十三代目、二百六十年になり、六代前から箕を作っているという。父、祖父、曾祖父の名前や境涯を語り、曾祖父の妻ツヤの思い出に及び、ツヤの実家のことにまで触れたのである。江戸末期生まれのツヤは昭和二十八年ごろ九十歳で死去したが、その直前まで箕の行商をしてい

中央両刃の刃物がウメアイ（『サンカ社会の研究』から）

た。若いじぶんは商いの旅に出たきり十日以上も帰らなかった。敏夫は問わずがたりに、そういったことを淡々と話しつづけた。話は村の歴史、夫婦の若いころのこと、箕作りの現状へと移り、その合い間にハツは、かつての夜なべ仕事のつらさを振り返るのだった。

わたしは二時間ほどのちに両刃の刃物のことを持ち出した。夫婦のこの日の態度から、てっきり今度こそ、その秘密を打ち明けてもらえるものと思っていたが、しかし彼らは前回同様に「そういうものは見たことがない。豊迫では、だれも使っていなかった」と答えたのである。

わたしは、このあと平成十五年二月一日にも豊迫を訪れている。このとき会ったのは佐橋カネ（仮名、大正十三年生まれ）である。カネには以前、通りすがりにちょっとだけ話をうかがったことがあり、そのわずかな縁にたよったのだった。カネは自分たちは両刃の刃物は使っていなかったと言った。夫が死亡して十年ほどになり、そのころから箕作りはやめていて道具類は、もうどこにあるのかわからないということだった。

「この両刃の刃物は決して他人に見せてはならぬ。それについて語ることもならぬ」

そういう強いタブーが高木敏夫家に伝承されてきたことは、これまでに述べた話によって承認できると思う。だが、ハツはそんな言い伝えなど、夫から聞かされていなかったのではないか。ハツは隣村の生まれであり、結婚したあと箕作りをおぼえた。当初から道具の一つとしてウメアイを渡されていたのだろう。だから、わたしたちが初めて訪ねたとき、使い慣れた両刃で作業をしていたのだ。タブーのことは何も知らなかったため、平気でこちらに写真を撮らせたものに違いない。

敏夫としてはタブーのことを、あえてハツに語っておく必要は覚えなかったと思われる。妻は他人ではない。それに、この話には、あらためて伝えるには、なにか滑稽な、とんでもないようなところがある。そんなことを聞かされたら、よそから来た人間は啞然とするかもしれない。べつに、わざわざ耳に入れておかなくても、他人がひょっこり作業場に顔を出すなどということは、まず考えられないことである。いや、出したところで、そんな刃物に注意などするはずがない。そうはっきり意識していたわけではむろんないだろうが、とにかく敏夫はタブーのことなど、すっかり忘れていたのではないか。そこへ見ず知らずの人間が突然やってきたのである。しかも相手は、しつこいくらい両刃にこだわる。敏夫としては、ずいぶん不思議に思い、また面くらったことだろう。わたしの方はといえば、二十一世紀のこんにちなお、そのようなタブーに強いこだわりをもちつづける人がいたことに、のけぞるような思いを抱いたのだった。
豊迫の地名は室町時代には、すでにあった。村の由来について、大正十年刊行の『郡誌』は次のように述べている。

豊迫村（仮名）は後村上天皇正平年間（一三四六―一三七〇年）、新田氏の臣下十六人此土に移住し、氏神として白山神社を奉祀し以て本村を創立したること口碑の伝ふる所たり。後世、之を十六苗《びょう》と称し現に白山神社祭典の際は其子孫上席に列し、村内の公務も此の氏族の手に委すること古来、異例なしと云ふ。（中略）
豊迫箕の創造者は右十六苗中の一人たる加納家の初代半兵衛其人なり。寛永年間（一六二四―一六四四年）、同家は廃絶したるも其の墓地は同村昇龍寺（仮名）に存在し、墓碑は元《(ママ)》録年間（一六八八―一七〇四年）の建立にして其の屋敷跡と称する場所も尚ほ存せり。
俚伝に云ふ、加納家の女戸主におせんなる者あり。常に守り本尊として観世音菩薩の尊像を礼拝供養したり。此の女、（二字伏せ）国《くに》高森（仮名）に至り此尊像を安置して一寺院を立つ。即ち今の高森寺にして、高森観世音はおせんの守り本尊たりしものなり。おせんは此の尊像を守護するの傍《かたわら》、此の地方に箕の製作を伝へたり。故に同地方には明治維新の頃迄、豊迫箕と同様なる箕の製作者ありしと云ふも、今は其の業廃せられたりと云ふ。同村の古老に就て之を質《ただ》すも、其の口碑相符合し居るは奇と云ふべし。只だ惜むらくは之《これ》が記録の証すべきものなし、単に口碑を

記述して他日の参考に供す。（句読点、振り仮名、西暦年号は、すべて筆者が付した）

高森寺（仮名）は、この地方屈指の名刹で、鎌倉時代以前に創建されたことを示す確実な証拠がある。だから正平年間以降の人物であるはずのおせんが「立て」たということは、あり得ない。記された伝承には、このような荒唐な内容も含まれてはいるが、しかし、いくつかの注目すべき史実を反映していることはまちがいないと思う。

口碑は、豊迫の最初の住民たちと白山信仰との深いかかわりを語り、その中の一人が豊迫箕の「創造者」だと伝えている。

白山神社は、地方によっては、被差別部落（以下、部落と略す）の氏神となっている例がかなりある。また、そのことと無縁ではないが、移動・漂泊する工人や芸能者の信仰をあつめていたことが、たしかにうかがえる不思議な性格の神社である。それには何か深い歴史的由来が隠されているに違いないが、現在の歴史学は、そのへんについてはほとんど何も説明できていないと思う。

豊迫は江戸期における法制上の部落ではなかった。しかし、それにもかかわらず、周辺にはなんとなく同和地区のように考えている人びとがいるという事実がある。村の氏神は、『郡誌』に見えるように白山神社である。

ここを含め、わたしがこれまでにまわった箕作り村三十数カ所のうち、部落であるとないとを問わず、白山神社を産土神《うぶすながみ》としているところが四つあった。いずれも立派な社殿をかまえたものばかりで祠《ほこら》は含めていない。

明治末期に政府がすすめた神社合祀政策の結果、日本の神社数は、それまでの十九万余から、およそ十一万に整理されている（これらは、おおむね旧村社クラス以上の神社をカウントしたものと推定される）。そのうち白山神社は二千七百余とされているので、ぜんたいの二・五％ほどということになる。さらに白山信仰のおひざもとである北陸地方を除くと、その比率は一％くらいにすぎない。したがって、三十数カ村に四社の数は決して少ないものではない。そのいずれもが白山七社（石川県）や、総本社の白山比咩《しらやまひめ》神社（福井県）が所在する北陸地方から遠く離れた東北、関東、中部地方南部、四国に散らばっていることを考えると、なにか重要な意味がひそんでいるのではないかと思われる。ちなみに竹細工の村にも白山神社をまつっている例があり、さらに注意すべきは滋賀県にある「木地屋根元地」の一つが白山神社を氏神としている事実だ。これらの理由については未考だが、箕作り集団の少なくとも一部は、かつて白山信仰を背負って各地を流浪していた可能性が考えられるのではないか。

ついでながら、旅芸能「角兵衛獅子（越後獅子）」発祥の地、新潟県西蒲原郡旧月潟村の氏神も白山神社である。村民の白山さまへの尊崇はあつく、六月二十四、五日の祭礼には必ず全員が帰村することになっていた。その角兵衛獅子の一人芸の中に「俵ころがし」があった。武蔵サンカの集団が、かつて生業の一つとしていたらしい門付け芸である。なにごとかを暗示しているのかもしれない。

豊迫の口碑で次に注目されるのは、おせんなる女性である。

口碑を素直に解釈すれば、彼女は、いわゆる歩き巫女《みこ》の系譜につらなる下級宗教者ではなかったか。

おせんの家系が白山信仰で、彼女が守り本尊としていたのが観世音菩薩ということは、べつに矛盾しない。もともと白山信仰と観音信仰とはつながり深く、また神と仏の両方への帰依は日本人には、ごくふつうのことである。おせんが高森寺を建立したというのは事実ではないが、高森の村人に箕作りを教えたとの話は、大筋としては信じられると思う。『郡誌』の筆者は大正時代に、高森でもかつて箕を作る者がおり、豊迫と相符合する伝承があったことを確かめているからだ。

じつは箕作り村には、修験者《しゅげんしゃ》、御師《おし》、相人《そうにん》など半僧半俗の下級宗教者が技術を伝えた旨の口碑が少なくない。中には確実に立証できる例もある。彼らは、神仏の教えを説いて札《ふだ》を配ったり、有名寺社への代参を請け負ったりして喜捨を乞いつつ、かたわら箕の製作や修繕をたつきのたすけとして、あちこちを歩いてまわっていたのではないかと思われる。その中には職業的な芸能者を兼ねていた者があったことを示す、有力な状況証拠もある。移動箕作りは工人であるのみならず、宗教者であり、芸能者であり、文化の伝播者であったふしが、うかがえる。

ついでに、豊迫の最初の移住者は新田氏の臣下であったとしている言い伝えについて、ひとことしておきたい。新田氏とは、いうまでもなく新田義貞（一三〇一―一三三八年）のことであろう。新田氏の故地は群馬県新田郡である。周知のように栃木県足利市に拠っていた足利氏と、渡良瀬川をはさんで長く覇を争ってきた。義貞は南北朝期に南朝方にくみしたが、北朝方に立った足利尊氏らの軍勢に敗れて戦死している。ちなみに、南北朝期には白山修験・衆徒の大半が、南朝方についていた。

被差別部落の中には、その祖先を敗軍の将と臣下にもとめた口碑が少なくない。報復として賤民の身分におとしめられたということになる。部落の起源というのは、もとよりそれだけで説明しきれるはずがない。しかし、それがかなり正確に史実を語っている場合もあるのではないか。

例えば、群馬県だ。『部落問題事典』によると、同県の部落には新田義貞とのゆかりを伝えるところが、ことのほか多いという。それは単なる伝説にとどまらない。足利氏側の目をぬすんで、ひそかに新田氏の墓を守っていた義貞の愛妾の墓と、それに関連する文書が戦後、太田市内の部落で発見されているのである。また、新田氏の旧居城、同市の金山城跡は、ほとんど部落に取り囲まれたような状態だったという事実も偶然ではあるまい。群馬県東部には、近世になって新田開発のため金山城周辺から移住させられた部落が少なくないようだ。

正平年間かどうかは別にして、新田氏の臣下あるいは、その子孫が足利氏側の迫害・誅求《ちゅうきゅう》をのがれて各地をさまよっているうち、生業としての箕作りの技術と、白山信仰を身につけ、やがて豊迫に住みついたということは、おおいにあり得ることのように思える。

ウメアイ―箕作り―白山信仰―流浪の宗教者―敗残の将兵と、その子孫―新支配者による弾圧と差別……これらは歴史の地下深くで伏流水のようにつながっているのかもしれない。

箕作り村とウメアイとの関連を示す文字記録を、わたしはこれまで一点だけ目にしている。『御殿場市史　別巻資料編』（昭和五十七年、市史編纂委員会）四六七ページに次のようにある。


竹切りしたものは三ツから五ツに割り、天日に四日ぐらい干し、乾燥してから貯蔵すると二、三年ぐらいは使える。竹割りは、テワリと称して、大正年間までは両刃のコガタナを用いて割った。

これは静岡県御殿場市川柳《かわやなぎ》での箕作りについて説明した文章の一部である。右に見える「竹」は、スズタケといって篠竹のような細い竹である。それを縦に割ってヒゴを作るさい、「両刃のコガタナ」を用いたというのだ。記述が簡単すぎるのが難点だが、これがウメアイであったことを疑う理由はないと思う。

川柳については第三章で詳しく紹介した。

2　文字記録に見えるウメアイ

ウメアイあるいはウメガイとは、古代の直刀のように反りのない、両刃《もろば》の小刀《こがたな》のことである。槍の穂先をうすくしたような刃物を思い浮かべていただくと、おおよその形状は見当がつくだろう。このウメアイをサンカの象徴だと述べた記録は、いくつかある。

ウメアイのことを記したいちばん古い文字資料は、管見の及んだ範囲では、鷹野弥三郎の『山窩の生活』（大正十三年、二松堂書店）である。この本は大正三年（一九一四）から九年にかけて、四つほどの新聞に載った記事をまとめたものだから、じっさいの発表は同書の出版よりもっと早い。その一〇五ページ以下『「ウメアイ」押収の方法』と題した項から引用する。

彼等の所持する刃物、即ち彼等の言葉で云う「ウメアイ」に就いて、彼等は刺身庖丁を買って来て、自分で作り直したと言っているが、非常に鋭利で、耐久力を有している処から見ると、彼等が使用の為めに特に製鍛したものと思われる。贓品《ぞうひん》の遣り取りをしている仲間のあると同様他に彼等の信頼を受けて特に秘かに拵《こしら》へる鍛冶職があるであろうというものもある。

此の贓品の事や「ウメアイ」の事を、山窩自身から直接聞き得る事は甚だ困難である。現に全国に何万とある警官の内ですら、誰れ一人として此の「ウメアイ」の出所を確かに探索し得たものはない。「ウメアイ」は、彼等は多くの場合昼間は所持して居《お》らない。其の刃渡りを先ず布で巻いて、その上を桐油（桐油紙のこと）で包んで、そうして土中に埋めて置くのである。若し之れを警官が証拠として得んとするには、その一家族なりを検挙した上、一旦その女房なりを放還する。すると其の女房は、きっとその「ウメアイ」の隠匿して在る処へ行って、一度有るか無きかを見る、元のように其処に有ればそれを又其儘《そのまま》にして、其処を立ち去るのが例である。之れを巡査が感付かれないように変装なりして尾行して行って押収するのである。又彼等は此「ウメアイ」を神社の長押《なげし》などに隠匿して置く事もある。


ここにはウメアイは両刃だとは書かれていない。どうも書き忘れたようだ。一一八ページの隠語の説明のところには「ウメアイ　両刃の兇器のこと」とあり、六四ページには「その戸を切る兇器は、先の鋭く尖った両刃の刃渡り六七寸、幅八分位の柄の付いている刺身庖丁のようなもので」との記述がある。

鷹野は、ウメアイがサンカの象徴だとは言っていないが、彼らがこの刃物を特別なものだと考えていたらしいことは、引用した文章から十分にうかがうことができるだろう。ウメアイという奇妙な形の刃物と、サンカの名で呼ばれていた集団とのあいだに深いかかわりがあったことは、鷹野が残した

箕作り用のコガタナ。いずれも片刃で、かなりすりへっている。（平成15年3月9日）

この一文だけからでも立証できると思う。

昭和八年八月八日から『東京日日新聞』（現在の『毎日新聞』）栃木版に、五回にわたって連載された「山窩を訪ねて」と題した記事にもウメアイのことが見える。最終回に次のようにある。

　おんめ婆さんに別れをつげて「頭無沼《ずなしぬま》の瀬《せ》掘《ぶり》」へ山越えした、こゝには行者が瀬掘《せぶ》ってゐた、行者はあまり勘ちゃんと懇意でないらしい、うめあひ（山刀）で枯れ枝をきりながら無愛憎《ぶあいそ》に、

　わしは昨日福島から帰ったのだからなにもしらん

と凄い眼をむけた、そしてくるりと背を向けてしまった……

「おんめ婆さん」も「行者」も当時、栃木県宇都宮市郊外の鬼怒川べりにセブっていたサンカで、

「勘ちゃん」は『東京日日新聞』の記者らをセブリへ案内した雑貨店の経営者である。

『東京日日新聞』の記者がウメアイについて、ひととおりの知識をもっていたことは、連載第一回の冒頭の一文に示されている。


山窩！　それは国勢調査の人別帳にも現れない山のジプシーだ、かれ等の生活の基本は継ぎはぎの天幕とうめあひ（山刀、双刃《もろば》の鋭利な短刀で藤づるの皮はぎ、篠竹割に用ふ）で全部である、勿論、鍋釜その他の道具もあるが、それ等の世帯道具の一切は一背負にもたらぬ簡易なものだ、

記者は、この当時すでに広く読まれていた三角寛の山窩小説の影響を受けていたふしがあり、「行者」が枯れ枝を払っていたという「山刀」は、本当に両刃であったのかという疑いがないわけではない。しかし、ふつうに受け取るなら、これはウメアイに触れた、かなり早期の資料だといってよさそうだ。

『河北新報』（本社・宮城県仙台市）の昭和十六年十月二十九日付け朝刊に載っている「山窩にみる原始の姿　神秘に覆れた生活」というタイトルの記事には問題が多い。記事はすべて仙台民芸研究所長、只野淳からの取材によっている。そこには「武器はウメアイ（山刀）一丁を腰に山から山へ里へ風の如く現れて去る」といった文章とともに、「ウメアイ」の写真が添えられている。両刃には違いないが、写真で見るかぎりの印象では鋭さに欠け、これではシノダケやネマガリダケを削ってヒゴは作れまい。のちに述べるようにヒゴ削りができなければ、ウメアイとしての用をなさないのである。

只野淳は、これから三十六年後の昭和五十四年、『季刊どるめん』という雑誌の二十号に「サンカ聞き書」と題した論稿を寄せ、それが『日本民俗文化資料集成① サンカとマタギ』（平成一年、三一書房）に転載されている。「サンカ聞き書」はサンカ関連の基本文献の一つとして、その後もときどき引用されることがあるので、あえて言っておきたいが、ここに書かれていることのおおかたは、事実にもとづいていない疑いが強い。先に述べた写真に見えるウメアイようの刃物についても、その出所に疑念を覚えずにいられない。

三角寛は『サンカ社会の研究』でウメアイを次のように説明している。

ウメアイと書きはじめて数年経つた昭和八年八月のことであつた。甲府の竹ノ鼻の瀬降に出かけて始めて、「ウメガイ」が本語であることを知つた。この「ウメガイ」といふ言葉をサンカのセブリに出入する香具師《やし》たちが、セブリから持ち出して、ガをアに変化して、刃物の兇器の隠語にしてゐることを知つたのである。（五九ページ）

このウメガイは鋭利な双刃の短刀で、（中略）これを持つてゐるかゐないかで、それが、サンカであるかないかが判別されるのであつて、このウメガイは、サンカの象徴である。（三八ページ）

本書の冒頭部分で紹介した斉藤登は、久保田辰三郎らの集団といっしょに暮らすことになったとき、辰三郎からウメアイを手渡され、二人で焼酎を飲んだという。飲みおわったあとウメアイは辰三郎に

ウメアイを手にした梅田留吉（『サンカの社会資料編』から）

返さなければならなかったが、それがいわば集団へ加わる儀式のようなものであったらしい。

　辰三郎の長男始は、よそから父親のもとを訪ねてきた箕作りは、片膝をつき、体の前へウメガイを横向きに置いて仁義を切るのを例としたと言っている。また三女の初子や、その夫の赤沼邦海《くにうみ》も、かつて百穴に住んでいた移動箕作りの八幡隆則が「両刃のナイフ」を持っていたのを目撃している。ただし始も赤沼夫婦も「ウメアイ」「ウメガイ」の言葉は知らず、始は「ヤッパ」と言っていた。斉藤は思い出せたが、しかし、この言葉は三角によって武蔵サンカの社会へ持ち込まれた可能性がないとはいえず、「ウメアイ」あるいは「ウメガイ」が彼らの日常語として存在していたかどうか、なんともいえない。

前節で詳記したように、わたしは豊迫村（仮名）で、この刃物をじっさいに見ている。また、何人かの箕作りから「両刃のナイフ」のことを聞いている。みな「コガタナ」の名で呼んでおり、これまでのところ「ウメアイ」も「ウメガイ」も耳にしていない。しかし、ある地方のサンカが、少なくとも明治末か大正初めごろまでは「ウメアイ」の言葉を用いていたことは、鷹野の記録によって証明される。拙稿で「ウメガイ」を使うのは三角にかかわりのあるときだけで、あとはもっぱら「ウメアイ」の用語を採るのは、このためである。

雑誌『マージナル』第八巻（平成四年、現代書館）所収の佐伯修「上州野鍛冶の世紀末」も、ウメアイを取り上げている。論稿は、かねて知り合いの群馬県前橋市在住、山岸賢司より電話がかかってきたところから始まる。

「妙な物を手に入れたんだ。両刃の刃物なんだけど、ひょっとするとほんものの『ウメガイ』かもしれないよ。とにかく、一ぺん見に来ない？」

佐伯が山岸に見せてもらった「妙な刃物」は次のようなものであった。

刃渡り一七センチ弱。幅は柄のつけ根で四センチ。鎬《しのぎ》はあったのかもしれないが、使いこまれ、すり減って全体が薄くなってよくわからない。両刃のエッジもまた、使いこまれ、研がれて減り、波打っている。しかし、刃先は鋭く、すっと手にあてて引けば、たちまち皮膚が切れるだろう。そんな〝危険〟な印象の刃物だった。

まず、一見して言えることは、何に使ったかはわからないが、これは実用品だ、ということだ。手にすると軽く、しいて譬えれば、ケーキを切りわけるこてのようなナイフに一番近い。

そんなものが、丁寧に木を削って作った、そしてこれまた丁寧にフジのようなものを編んでこしらえたストラップつきの鞘に収まっている。

この刃物は、山岸が「地元群馬県内の、本と一緒に古道具の処分も引き受ける古書店を通して入手した」という。雑誌には、むろん写真も載せてある。

佐伯は断定は避けているが、どちらかといえば、これはウメガイとは違うと考えたようだ。いや、佐伯はウメガイなる刃物の存在そのものにも疑念を持っているように思われる。三角と只野のウメガイについて述べた文章を引用したあと書いている。

三角の「アメノムラクモノツルギ」の話も、只野の「武士の魂」の話も、私にとっては、なんとなく「ウメガイ」（もしくは「ウメアイ」）という道具に真剣にとりくむ意欲を萎えさせる。それに、私が今までに直接、間接に知りえた移動箕直したちが、そんな両刃の刃物を使ったという

話を聞かない。（中略）

「サンカ」が主要な生業としたという箕の製作や修繕には、繊細な手作業による細工が必要とされる。そんな細かい作業での刃物づかいは、柄だけでなく、使う刃の反対側（「ミネ」の部分）に親指をあて、押さえて切らないと力が入らないし、あぶない。小刀で鉛筆を削る場合を考えればわかる。すると、片刃でないとまずい。両刃だと親指が切れてしまう。

もっともな指摘ではあるが、しかしウメアイはシノ削りに使われていた。それについては、すでに述べたとおりである。

なお、私見では、山岸が入手した刃物は、使い込まれたウメアイそのものだと思う。これは、鞘やストラップ（革帯）を含め、赤沼夫婦が何度も目にした「両刃のナイフ」と、その付属品にそっくりなのである。また、そこに見られる磨耗のしかたは、箕作り職人の小刀（ほとんどは片刃）のそれに酷似している。このような感じですり減った刃物を保存している箕作りは、まだ各地にいくらでも生存している。

雑誌『歴史民俗学』の20号（平成十三年、批評社）には、飯尾恭之の「ある在地型竹細工師の行商時持ち歩き小道具」という報告が載っている。その中に「（イツツ）トオシ」または「ウメアイ」と呼ばれる小型剣状の刃物が見える。これは昭和三十九年八月まで岐阜県羽島郡で竹細工職人をしていた大正十三年（一九二四）生まれの男性から提供されたものだという。

機能としては、横ひごを通す時の隙間拡大《あけ》用の道具であった。

材質は焼入れ鋼で、全長一六七ミリ、最大幅一三ミリ。刃部は長さ九五ミリ、幅一〇～一二ミリ。断面は稜厚二・一ミリを測る菱型で、尖頭状を示す鋭利なものである。若干の錆の付着がみられるが、腐蝕までには至っていない。


掲載の写真と模写図によれば、手裏剣のような両刃の細長い刃物である。古代の直刀のミニチュアみたいな、ともいえるかもしれない。これは関東地方や、その周辺の箕作り職人（定住型、移動型とも）のあいだで広く使われている（あるいは使われていた）芯通しにも、ツバグチにも似ていて、それらよりいくぶん幅が広い。ただし、芯通しは一般に、もっと先が尖っており、ツバグチはアヒルのくちばしのように先が丸くなっている。

飯尾は、この刃物は「ウメアイ」とも呼ぶと記している。じっさい、幅を二、三倍にすれば、ふつうのウメアイになってしまうだろう。わたしは、これがウメアイの起源になった道具だと考えている。ここに示されている「小型剣状のもの」こそ、ウメアイの原型だろうと思う。

3　ウメアイの語源

三角寛の著述にしたしんだ者なら、ウメガイと聞くとまず、『山窩物語』一一四ページの写真に見える鉈《なた》のように幅広の大型の刃物を思い浮かべるのではないだろうか。この写真（本書二一一ページに転載）は、昭和三十七年三月十三日付けの『読売新聞』朝刊に載ったものと同じだ。『読売』の説明には「クズコの武蔵太刀平さんが持っているのがウメガイ」とあるが、これはじつは久保田辰三郎にほかならない。

この写真のひときわ立派なウメガイは、斉藤登によると、三角がどこかから調達してきて（おそらく鍛冶屋に打たせて）辰三郎に進呈したものであり、それまで彼らが持っていたウメガイとは、ぜんぜん違う。これは三角が創造した「サンカ民俗」の一例だといってよい。

本物のウメガイは、『サンカ社会の研究』四五ページ上と四八ページ上の写真（本書一八九ページ）で見ることができる（後者でウメガイを持った人物は、辰三郎の仲間の一人、梅田留吉である）。先の三角発案のウメガイよりずっと幅が狭く、長さも短い。ナイフのような感じの道具で、「鉈」にくらべると、うんと貧弱である。

『サンカの社会資料編』冒頭の写真集中、「焼湯（9）」に見える中年の男性（これは大島太郎である（本書五一ページ））は、胸の前にウメアイを両手でささげ持ち、なにか祈っている。三角の説くところでは、

焼石を入れ終ると、浄めの祓ひをする。双刃《うめがい》を十字に切つて、飛ぶ虫、這ふ虫の禍を払ふ「切り祓ひ」で、その根本祈念は禊《みそぎ》で、悪魔の邪気ばらひである。

ということになる。

斉藤は、この写真を見て「大島は、こんなことが好きだった」と言った。のちにも述べるように、

一連の写真は三角の演出と作為のもとで撮影されたものである。大島は、あこがれてのことかどうかわからないが、外部から武蔵サンカの社会へ入った人間であり、あるいは昔のサンカにはこういう習俗があったと信じていたのかもしれない。少なくとも、そうであってほしい、という気分はあったのではないか。

それはともかく、ここに見えるウメガイは、写真が不鮮明ではっきりしたことはいえないが、本物とは形が違うようだ。本物よりももっと長くて、ごつい。これではシノ削りの役には立つまい。本物は鍛冶屋に打たせたら、かなり高価になるため、三角か大島が撮影用に、なにかを転用して自製したとも考えられる。少なくとも戦後の武蔵サンカに関するかぎり、ウメガイを持たない者はいた。例えば、斉藤がそうである。大島も、その一人であったかもしれない。

わたしは、実用のウメアイを打った経験をもつ鍛冶に会ったことがある。その鍛冶は女性でTとい い、現在（平成十四年の秋）は息子が、埼玉県深谷市の旧中山道に面した、大正時代ごろにでも建てたのではないかと思えるくらい古色蒼然とした家を作業場に、仕事をしている。

街道筋のこの鍛冶屋へ「赤城山（群馬県）の麓から来た」という男性が、ひょっこり現れて「両刃のナイフ」を注文したのは、四十年以上も前のことであったらしい。そのころは、いまは故人となった先代が踏鞴《たたら》をふんでいた。当時、夫の先手《さきて》（助手役）をつとめていたT（大正十年代ごろの生まれか）は、そのときのことをわりにはっきりとおぼえている。相手が図をえがいて示したような奇妙な形のナイフなど、それまで打ったことはもちろん、見たこともなかったからだ。夫婦は、両刃の鞘は「棒屋」に頼んだが、棒屋も「こんなのは作ったことがない」と言っていたそうである。

赤城の男は、でき上がった刃物を受け取る折り、代金とともにひとかたまりの肉を手みやげに持ってきた。Tが「野生動物の肉ですか」と訊くと、「そうだ」とうなずいたので、「熊ですか」とただしたら首を横に振り、なんの肉だとは答えなかった。Tは、それを近所にもおすそ分けした。肉が貴重品で、めったに口にできなかったころのことである。しかし、隣人たちの中には、「犬の肉ではないか」と疑って食べなかった家もあったという。

わたしは、この肉はカモシカではなかったかと思う。犬の肉なら並の料理法では、くさくてとても食べられまい。カモシカは大正十四年（一九二五）から狩猟が禁止されているが、じっさいには昭和三十年代になっても密猟がつづけられていた。わたしは昭和六十一年に、あちこちで狩猟習俗の聞き取りをして歩いたことがあり、そのさい何人もの猟師から、そういう告白を耳にした。

T夫婦のところへは、このあと何年かたって別の男性が、すり減った両刃の刃物を持って訪れ、同じものを作ってほしいと頼んだ。しかし夫婦は、今度はそれを断ったという。Tは理由を語らなかったが、どうも用途に疑念を覚えたようだ。その男も、群馬から来たと話したそうだから、前の人物にTのことを教えてもらったのかもしれない。

ウメガイという言葉の語源について三角寛は、『サンカ社会の研究』三八ページに次のように記している。

このウメガイは鋭利な双刃の短刀で、初めのうちは、ウモレ（埋れ）ガヒ（貝）の、原始刃物から出た名称と思つてゐたが、昭和十四年九月十七日、島根県神門川水源の赤名のセブリや、昭和十七年三月十四日、鳥取県日野川水源の船通山のセブリで探採したものや、その他三ケ所から探採した資料に依つて、神代以前はとも角、神代以後においては、ウメは、ミゴト（絶妙）のウマシ（美事）で、すばらしいことの表意であり、ガイは、カヒ（峡）で、断ち割りで、山をも断ち割るの意だといふ。すなはち一刀両断の断ち斬りを表意した刃物である。

三角は何月何日という日にちまで挙げているが、彼が島根県東部や鳥取県西部で取材をしたことがあるとは思えない。本当に行ったのであれば、この地方で広く使われていた、たて材に藤ではなく松の枌板《そぎいた》を織り込んだ、大型の美麗な箕を目にしなかったはずはなく、そういう箕の存在を知っていたら当然、『サンカ社会の研究』に引用したであろう。ところが、同書の「箕の種類」の項（一〇〇ページ）には、そんなことはひとことも書かれていない。この説はセブリで聞いたのではなく、三角自身が考えたのだ。それは別にしても、わたしはここに述べられている解釈に、なんの説得力も感じない。

例えば、カイ（峡）は、両側に山が迫った廊下状の土地を指す地形語で、たしかに大地を断ち割ったような景観を呈することがないとはいえないが、それにものを断ち斬る、断ち割るといった動詞的用法など認められない。また、「ウメガイ」という言葉の上半分が「うまし」に由来するものなら、「ウマガイ」となるはずではないか。

三角は前記のようにウメガイが本語だとしているが、わたしはウメアイの方がもとの形だと考える。ウメとアイとのあいだに、発音しやすいようにガ行の音をはさんだのだ。イアラシ（五十嵐）がイガラシに、マアイ（目合い）がマグアイ、マグワイに変化したのと同種の現象である。

ume—ai　ume—g—ai
i—arashi　i—g—arashi
ma—ai　ma—gu—ai, ma—gu—wai

ウメアイは、もとムネアイであったと思う。ムネとは片刃の刃物の刃とは反対側、こんにちふつうにはミネと呼んでいる部分のことだ。ミネをムネともいったことは、例えば一六〇三年刊行の『日葡《にっぽ》辞書』に「カタナのムネ」とあるところからもうかがえる。小学館の『日本国語大辞典』は、室町中期ごろの成立とみられる『義経記《ぎけいき》』の一節「持ち給へる太刀のむねにて一打《ひとうち》も当てられさせ給ふな」などを引いている。『広辞苑』にも「むね」には「刀のみね」の意があると書かれている。

ムネアイは、そのムネとムネを背中合わせにしたような形状の刃物のことである。鍔《つば》がなく、柄口《えぐち》と鞘口《さやぐち》がぴたりと合う短刀をアイクチ（合口、匕首）というように、ムネとムネが合わさったように見えるところからムネアイと名づけたのではないか。要するに、デバ（出刃）やヤナギバ（柳刃）と同じく形状による命名である。

ところで、日本語には語頭のム音がウ音に変わる現象が広く見られる。いまウマ（馬）と呼んでいる動物は、かつてはムマであった。ウナギ（鰻）はムナギであり、ウメ（梅）はムメ、ウマシ（美し）はムマシ、ウマル（生まる）はムマルだった。各種の辞典類に使用例が載っているので、いちいち引用はしないが、とにかくごく一般的な音韻通則であり、この語頭のM音の脱落がムネアイにも起きてウネアイとなったとみることは、不自然なこじつけにはなるまい。

あるいはムネ→ウネの転訛が先にあったのかもしれない。いずれにしろ、ウネアイからウメアイへは、ほんの半歩をへだてるにすぎず、ひょっとしたら相手はウネアイと発音しているつもりでも、聞く方にはウメアイと聞こえることだってあり得る。

ウメアイの語源がなんであれ、この刃物が箕作り職人と深いかかわりをもち、かつ箕作りの少なくとも一部集団が、これに単なる道具を超えた特別の意味を付与していたことは疑いのない事実である。

第六章　三角寛『サンカ社会の研究』の虚と実

1　三角寛という人のこと

三角寛《みすみかん》（一九〇三─一九七一年）は小説家であり、また著名なサンカ研究者であった。三角の著書『サンカの社会』（昭和四十年、朝日新聞社）の末尾に、おそらく著者自身の手になる略歴が記されている。

本名三浦守。明治三十六年大分県生れ。大正三年（十一歳）三月出家、（本派本願寺）得道、僧名、釈法幢。同十五年三月日大法科在学中、東京朝日新聞社入社。社会部記者として活躍のかたはら三角寛の筆名で書いた『昭和毒婦伝』以下の諸作でサンカ小説を開拓。昭和八年から作家生活に入り現在映画館「人世坐」社長。孝養山母念寺管長住職。昭和三十七年『サンカ社会の研究』により文学博士の学位を得た。

著書　昭和妖婦伝（新潮社）昭和毒婦伝（春陽堂）山窩は生きている（四季社）ほか六十八冊。

現住所　東京都豊島区雑司ケ谷一の三六六

『サンカの社会』は、略歴中に見える博士論文（東洋大学へ提出）の骨子版として出版されたものである。これと全く同じ内容、同じ体裁の本が三角の設立した母念寺出版という会社から同時期に発行されており、こちらの方は表題が『サンカ社会の研究』となっている。ともに長く絶版になっていて、たしか昭和六十年ごろのことだったと思うが、わたしは東京・神田の古書店で、かなりくたびれた『サンカの社会』に五万何千円かの値段がついていたのを目にした記憶がある。しかし平成十三年に現代書館から母念寺版を底本とした復刻版（中味は朝日新聞社版と寸分ちがわない）が出たので、表題を含め復刻版によって話をすすめていくことにしたい。

ただ、その前にもう少し、三角について触れておく必要がある。

三角と妻よしいとのあいだの一人娘であった三浦寛子が書いた『父・三角寛　サンカ小説家の素顔』によると、三角が生まれたのは現在の大分県竹田市郊外（旧直入《なおいり》郡馬籠《まごめ》村）で、阿蘇山が真っ正面に見える山また山の中だった。十二歳のとき近村の最乗寺にあずけられ、寺から高等小学校へ通った。住職の大原寂雲に四書五経や経典の教義を学んだというから、この時代の僻村の子供としては、たいへん恵まれた文字教育を受けたといってよいだろう。

最乗寺で五年ほど過ごした三角は、十七歳のある日、突然、無断で寺を飛び出してしまう。それから大正十五年二月に朝日新聞へ入社するまでの五年前後については、どこで何をしていたのか「まったくと言っていいほどわからない」らしい。したがって三角があちこちに記している「日本大学法科卒」の学歴も「どうもおかしい」ということになる。

三角寛は朝日新聞在職中に小説を書きはじめる。『山窩物語』（昭和四十一年、読売新聞社）の著者紹

三角寛と松島初子（『サンカの社会資料編』から）

介欄によれば、文藝春秋社の永井龍男のすすめで小説の執筆に手をそめ、同社の『婦人サロン』に連載した「昭和毒婦伝」で文壇にデビューしたとなっている。しばらく記者と作家の二足のわらじをはいていたが、やがて依頼原稿に応じきれないほど多忙となって昭和八年、朝日を退社した。

それからの七、八年は「山窩もの」と呼ばれる小説を書きまくった時期であった。三角は、このころ屈指の流行作家で、『父・三角寛』によると、多いときで十人を超す出版社の編集者が東京・雑司ケ谷の三角宅に集まり、依頼した原稿ができ上がるのを待っていたという。一作を書き上げると、すぐ次へ移る、できた原稿は印刷所へ直行といったことの繰り返しで、だから締切りはあってないようなものだった。編集者の中には、いく晩も三角宅にいつづける者もあり、その数は月の終わりが近づくにつれ増えてくるのだった。三角は、のちに次のように書いている（『サンカ社会の研究』）。

私の作品は山窩に関する綺談・物語は二百数十篇、探偵捕物に関する実話百数十篇、毒婦妖婦と称せられるもの、実話数十篇、併せて実に四百数十篇の多きに達する。

三角は太平洋戦争が始まる昭和十六年以降は、戦後も含めて、ほとんど小説を書いていないから、これは十年ちょっとのあいだに発表された作品数だということになる。その膨大な作品群にえがかれた「山窩」なる集団が、どのようなものであったかは『腕斬りお小夜』『山姫お美代』『犬娘お千代』『山窩血笑記』『愛欲の瀬降《せぶり》』『揺れる山の灯』などの題名から、おおよそは想像できるだろう。ただし、これらの小説は、いわれるほど「猟奇的」でも「荒唐無稽」なばかりでもない、とわたしは思っている。が、実像にはほど遠いことに変わりはなく、それが文藝春秋社の『オール讀物號』とか講談社の『キング』といった巨大な発行部数をもつ雑誌に毎月のように掲載された影響は、七十年ほどたったこんにち、なお消えていない。
「三角寛といえば山窩小説、山窩小説といえば三角寛」の評言がちっとも大げさではない、かつての流行作家が『サンカ社会の研究』を公刊したのは、戦後二十年ほどをへた昭和四十年のことである。しかもそれは、先に触れたように学位論文を要約したものだった。ざっと四半世紀をはさんで、山窩小説家からサンカ研究者への転身であった。その冒頭で三角は述べている。

前人未踏のサンカについては、尋念《じんねん》すべき文献は全くなく、ただ現存するセブリ生活者を求めて、その実生活を探究し、その実態を知る以外に、研究の方法がなかった。しかもそれを探究するには、危険の伴ふことが多々であつた。

参考になるような文献は一つとしてなく、もっぱら自分のフィールドワークによる成果だと揚言しているのである。研究は「昭和三年から同三十六年まで」三十三年間に及んだとも言っている。写真や付表を含めて三百三十ページほどのこの著書は、サンカの生態と民俗について体系的、網羅的に言及したサンカ研究の決定版ともいえる体裁をそなえていた。その記述は精密をきわめ、挙げられた数字は詳細にすぎるほど詳細であった。
『サンカ社会の研究』は、柳田國男（一八七五―一九六二年）の『「イタカ」及び「サンカ」』、喜田貞吉（一八七一―一九三九年）の『サンカ者《もの》名義考』、鷹野弥三郎（一八八六―一九四三年）の『山窩の生活』、後藤興善（一九〇〇―一九八六年）の『又鬼と山窩』など先行研究者の著述とは、質量ともに比較にならないくらい内容ゆたかで、彼らの業績が児戯にひとしく感じられるほど壮大な構成になっていたのである。もし、ここに書かれたことが事実であったなら（本来、当然そうあるべきなのだが）、サンカ研究の少なくとも生態論に関しては、いちおうの終結を見ているとしてもよく、あとには、その生態論を基にした系譜論が残されているだけといっても過言にはなるまい。

しかし『サンカ社会の研究』は、そのごく一部を除いて、事実に基づく報告ではなかった。はっきり言えば、ほとんどがつくりごとであり、空想の所産であった。この立場からの三角寛批判、『サンカ社会の研究』否定論は、この本が出版されて間もないころからすでにあり、それはいまもつづいている。純然たる研究書に多量の虚構が含まれているとなれば、その書物は当然、書物としての生命を失っていておかしくないはずなのだが、じっさいには必ずしもそうはならなかった。げんに現代書館から復刻版が出て、なかなかの売れゆきだと伝えられているのである。

理由は二つほどありそうだ。まず、この本には、たとえつくりごとが含まれているにしても、ほかの研究者たちが究明しえなかったサンカ民俗が豊富に紹介されているらしいということがある。それを支えているのが、迫力とリアリティーに満ちた六十余枚の鮮明な写真である。こんな資料は前例がないのみならず、こんにちもう、どんな徹底した調査をしてみても撮影も収集も不可能であろう。同書へ強い疑念を表明している著作者たちでも、これらの写真を借用している例が少なくないのである。もし写真がなかったとしたら、この著書がいまほど問題にされることはなかったに違いない。

もう一つは、三角が残した記述のあれこれについて「うそに違いない」とする指摘は少なくないのだが、その根拠を具体的に示した人は、ほとんどいなかったということがある。つまり、どの部分が事実で、どこがフィクションなのかの腑分けがなされておらず、三角への思い入れが強い人たちには「批判には証拠がない」ということになりがちであり、「おおかたは本当のこと」との立場が可能だという事情があると思う。

私見では、『サンカ社会の研究』は、小説を書くような手法で書かれている。それも綿密な取材を必要とするタイプの小説だ。取材で得た膨大な知見を、いったんばらばらにして、自分がえがいた構想の各所にはめ込んでいくやり方である。そこでは虚実がしがらみのようにからみ合い、一つの人格が複数の人物に投影され、複数の人格が一人の人物に集約されたりしている。それは「論文小説」とでも名づけるべき、たぶんほかには全く類例のない不思議なジャンルの作品であった。だから、これが事実、これが虚構といったふるい分けには、もともとなじみにくい。この書物の性格をうんぬんするには、三角がいつごろ、どこで、どんな人たちに接したのかを調べる方が本当のことを見通しやすいのである。

2　写真のモデルたち

三角寛は『サンカ社会の研究』につづいて『サンカの社会資料編』を公刊している（昭和四十六年、母念寺出版。平成十三年に現代書館から復刻版）。

資料編には「全国サンカ分布図」と銘打った折り込みの多色刷り地図や、「サンカ用語解説集」「サンカ薬用・食用植物一覧」というのが付されているが、あとはほとんど前者で触れていることばかりで、内容は意外に乏しい。ただ『研究』にはないものも含めて写真百二枚（ほかに「サンカ文字」の写真が八枚）が冒頭に一括して載せられ、それぞれに番号付きの見出しと、『研究』より詳細な説明を加えている。

『資料編』の「三角寛撮影並解説　サンカの生態記録写真集」の序には次のように記されている。

サンカは、三角寛学位論文『サンカ社会の研究』に縷述せるごとく、自分たちの生活慣行を絶対秘密にし、外部に洩れることを極度にきらつてゐる。したがつて、写真撮影などは以ての外の禁忌として拒絶する。

しかしながら、現在の時点において、これを記録印象しておかねば永久消滅となるので、説得に説得、やうやく承諾を得て、ここに十四年間機会のあるたびに撮り溜めた全十五巻「四季のサンカ」の三十五ミリ記録映画を得た。

この写真は、その三角寛撮影の映画よりコマどりしたものである。

ただし、その中には、三角も記しているように一枚撮りの写真も含まれている。

本項で、わたしが述べようとしていることは、これらの写真で被写体となっている人たちが、だれなのかということである。わたしは主要な登場人物については、だいたい名前を特定できたが、その作業が可能になったのは斉藤登（仮名）との邂逅によるところが大きい。斉藤は、松島ヒロの死を慈眼寺の住職夫人に伝えた菊恵（故人）の夫である。

手前が斉藤登と菊恵夫婦（『サンカ社会の研究』から）

夫婦の若いころの風貌は『研究』一一四ページ下の写真（本書六八ページ）でうかがうことができる。そこに見える五人の男女のうち、いちばん手前、向かって右側の、手に篠竹の束を持った青年が登、隣が菊恵である。登は同ページ上（左端）、一一六ページの上と下（本書本ページ）にも顔を出している。また一一六ページ下には菊恵の姿も写っている。

写真集の人物たちのうち、当時すでに成人であって、平成十六年現在、生存している者は、斉藤登を除いて、おそらく一人もいないと思う。斉藤は一般社会の生まれで若いじぶんからの読書家であり、文字能力に欠けるところはない。記憶も確かである。松島ヒロの長男始（昭和十五年生まれ）や三女赤沼初子（同十八年）は、そのころまだ子供だったせいもあってか、被写体の男女がだれなのか、ほとんど指摘することができないが、斉藤は違う。斉藤は、三角が武蔵サンカと呼んだ移動箕作りたちの実態を知るうえで、いまでは最重要の証人だといってよいだろう。

わたしが松島始に初めて会ったのは、平成十四年五月の初旬であった。埼玉県東松山市の都幾川に沿った村々で、年配の農民を見かけるごとに声をかけ、箕と箕直したちのことをたずねているうち、松島きょうだいについて教えてくれた人がいたのである。

数日後の二回目の面談の折り、始から「斉藤さん」のことを耳にし、わたしは、この人物こそ武蔵サンカ研究にとって欠かせぬ存在だと確信した。いちばん長く、遅くまで、いっしょに暮らしていたのだ。しかし始は、もうだいぶん前に別れたきり、いまはどこで、どうしているのか知らないと言うのだった。わたしが、じっさいに斉藤のもとへたどり着けたのは、それから一年以上ものちのことである。わたしは斉藤の足跡を追って多くの人から話を聞いたが、彼の所在を突きとめることができたのは、結局、奇跡に近い偶然にめぐまれた結果であったように思える。

斉藤登は昭和五年（一九三〇）五月に横浜市南区高根町で生まれている。母親は彼が幼いころ、父親は小学生のときに病死したため、彼は弟とともに母方の叔父のもとへあずけられる。叔父の一家は静岡県の西部、浜名湖の近くに住んでいた。

昭和十八年春、斉藤は、そこで小学校を卒え、ちょうど太平洋戦争さなかのころであったから、学徒動員のような形で少年工員として働きながら同二十年八月の敗戦を迎える。十五歳だった。いっとき旧国鉄の浜松工場に勤めたが、団体生活になじめず、一年たらずで辞めて放浪の旅に出る。叔父の妻との折り合いが悪かったことも原因の一つであった。

彼の、あてどのない流浪は、なまはんかなものではなかったらしい。とにかく人と顔を合わすのが

野営の準備にかかる松島始。平成14年夏、筆者とともに山梨県大菩薩峠近くで野宿をした。（平成14年７月27日）

いやで、山から山へ転々とした。山中をほっつき歩きながら生きていくのは簡単なことではない。まず食料であった。川魚、蛇、キノコ……口にできるものは、なんでも食った。雪で空腹をいやしたこともある。雨が降れば、一晩中、眠らずにひたすら夜明けを待ったこともあった。野荒らし、こそ泥といったこともしたようだ。

彼は山での暮らしのきびしさを思い知り、里へ下りる。埼玉県熊谷市の荒川べりで、もと東京・吉原の娼妓だった「カツ」と同棲生活をしたこともあった。同県大宮市の木賃宿で夜露をしのいだ時期もある。窃盗罪で半年ほど服役したあと、やってきたのが吉見の百穴である。これが昭和二十四年の一月ごろ、十八歳のときだった。このへんのことは、ある事件を伝えた新聞記事と、斉藤の話を合わせたうえでの記述である。斉藤は、のちに埼玉県内で起きた二十歳の姉と十二歳の弟が草刈り鎌で斬殺されるという事件の犯人ではないかと疑われ、逮捕されたことがあった。

斉藤が久保田辰三郎の一家に出会ったのは、百穴で暮らしはじめたときである。辰三郎らは隣の穴（地下工場跡）に住んでいた。それからざっと二十年、何度かの中断をはさみながら彼は一家のそばで生活しつづけた。その間に辰三郎から箕作りを習っている。先にも述べたとおり、タマ子、始、初子の松島きょうだいといっしょに、三角寛が経営していた東京・池袋の映画館「人世坐」で働いていたこともある。斉藤は要するに、そういう経歴の人物であった。

次に記すことは多く、その斉藤と、松島きょうだい（主に長男と三女）によっている。ただし、わたしは彼らの話を、そのまま事実と受け取ってきたわけではない。わたしは彼らからの聞き取りに当てた時間の何倍かの時間を周辺取材と裏付け取材についやしており、大筋ではまず誤りはあるまいと考えていることだけを書いていこうと思っている。

三角寛の『サンカ社会の研究』と『サンカの社会資料編』に載っている実数で百枚ほどの写真（サンカ文字なるもののそれは除く）については、「エキストラを雇った『やらせ』ではないか」と酷評する向きさえある。だが、そんなことは決してない。三角が、そこでサンカと呼んでいる人たちは、まぎれもない移動箕作りと、その家族であった。

写真集で、もっとも多く被写体になっているのは、すでに何度も名前を挙げた久保田辰三郎と妻の松島ヒロである。

夫婦と、子供たち六人が記念撮影風にせいぞろいした一枚が、『研究』四六ページ上に「ムレコの家族」として紹介されている（『研究』の写真は、すべて『資料編』にもおさめられている）。母親も

久保田辰三郎と、その家族（『サンカ社会の研究』から）

含めて八人全員が上半身はだかである。子供たちは左から長男、二女、四女、二男、三女であり、この時点での末子（三男）は四女のうしろに隠れていて頭の一部しか見えない。

なお、この写真の撮影時期を三角は昭和二十三年六月二十四日としているが、これはすこぶる疑わしい。おそらく同二十五年夏ごろの撮影だと思われる。三角は写真説明で、じっさいとは違う撮影年月と場所を記すということを、しばしばしている。そのへんについては、のちに触れることにしたい。

辰三郎はほかでも、あちこちに姿を見せているが、どれもいま一つ鮮明でない。『研究』の一一五ページ上と『資料編』の「場越し」（2）で先頭集団を歩いている、篠竹の束を肩にした初老の男が辰三郎なのだが、これらが風貌と体型をうかがううえで、いちばんましな方であろう。

ただし、辰三郎の外観をもっとよく知ることができる写真が別にある。それは昭和三十七年三月十三日付けの読売新聞朝刊に載っている。すでに述べたように三角は『サンカ社会の研究』のもとになった博士論文を東洋大学へ提出しており、その審査の一環として、この少し前に同大学の佐久間鼎《かなえ》学長らを東松山市の都幾川べりへ案内したのだが、これに読売の記者が同行して辰三郎らのことを記事にしたのである。写真には「クズコの武蔵太刀平さんが持っているのがウメガイ」という説明が付いている。

この男性が辰三郎にまちがいないことは、彼の子供たちや斉藤の証言と、読売の記事の部分によって裏付けることができる。「武蔵太刀平《むさしたぢへい》」という名前は、まわりのだれも耳にしたことがないことから考えて、三角の発案による偽名であろう。辰三郎は三角のもっとも重要な情報源であり、もし第三者が辰三郎に直接、接触したりすれば、博士論文につづられている虚構があぶり出されることになりかねないため、三角は辰三郎の正体をできるかぎりぼかしておきたかったものと思われる。

辰三郎の妻、松島ヒロの写真も少なくない。『資料編』の「テンジン」（3）が、いちばんはっきりしている（同じものが『研究』の冒頭部分にも載っているが、こちらにはページの記載がない）。上半身はだかで正座している彼女は、ひと目でわかるように左乳房が右乳房よりうんと大きい（本書九ページ）。キャプションには「右の乳房は、乳癌を患ったので、自分で双刃《うめがい》を研いで切開して、癌を抉《えぐ》りとったのだといふ」とある。ヒロの乳がんについては、すでに書いた。

夫婦の長男、始の鮮明な全身写真が、『研究』の四四ページ上に出ている（本書二一四ページ）。ルー

松島タマ子（『サンカ社会の研究』から）

ぺで見れば右目がつぶれたようになっていることがわかるだろう。これは子供のころ都幾川で遊んでいて篠竹の先が刺さったためだ。同ページ下で箕をつくろっている、ねじり鉢巻きの少年も始である。母親のヒロが、その向かって左側で赤ん坊に乳をふくませている。

三女の初子は『資料編』の第一ページに横顔ながら、とてもはっきりしたスナップが載っている（本書二〇二ページ）。正面に、珍しく破顔一笑の三角がこちら向きに立ち、その前で初子が顔の右側を見せている。そのうしろに三角の正式の和装や、そのうしろに三角の正式の和装や、背広姿の男性が立っていること、初子の年かっこうなどから推して、場所はおそらく池袋の映画館「人世坐」ではないか。

『研究』一五六ページ下は二女のタマ子である（本書二一四ページ）。「美しい少女だった」と何人もの人が遠い昔を振り返りながらわたしにつぶやいたが、この写真を見れば、おおかたがその言葉にうなずけると思う。こんな少女が夏など写真のように上半身はだかで、河原に建てた小屋のまわりで駆けたり、犬とたわむれたりしていたのだ。目にした者には強い印象を残さずにいられなかったことだろう。

同一五三ページ上で粗末な身なりながら冬の河原にすっくと立った美少女が、長女のアヤ子だ（本書三三ページ）。そばにいるのは弟や妹たちである。アヤ子は、このときからほどなく埼玉県川越市の飲食店で住み込みの「女給」として働きはじめる。十五歳くらいだった。その後のことについては第一章に記した。

『研究』一五四ページの下は二男（本書三〇ページ）、中はおそらく四男である。四女は『資料編』の「瀬降の子供」（8）に顔が見える（本書一五七ページ）。四女は説明に「小学校には行かないセブリの女の子である。八歳であるが、すごくすばしこい女の子である」と記されている。

辰三郎夫妻に次いで多く登場するのは、大島太郎夫妻である。大島は、始が「おやじの一番弟子だった」と述べている人物だ。夫婦の風貌をもっともよくしのべるのは、『資料編』の「場越し」（4）であろう。夫が篠竹の束を肩にして先を行き、妻があとを追っている（本書二一六ページ）。ある人は、この大島のことを「笑福亭仁鶴に似ていた」と言った。妻は左目に障害を負い義眼のようになっていたということだが、一連の写真からはそこまでは確かめられない。彼らには男女合わせて五人の子が

大島太郎夫婦（『サンカの社会資料編』から）

いた。その一部は写真集に見えるが、わたしには十分な比定ができない。

『研究』一一八ページ上の男女は、小川作次と新井ふみ夫妻である（本書五六ページ）。二人とも辰三郎らと長く行動をともにした移動箕作りであった。この写真を見ていて気になるのは、ふみの左腕の肘のところをブレスレットのように取り巻いている黒い線だ。資料編の「焼湯《やきゆ》」（1）の女性（だれなのかわからない）にも、やはり左腕の中ほどに似たような線が見える。こちらには説明に「刺青」とあるので、ふみのそれも刺青かもしれない。もしそうなら、これにはどんな意味があるのだろうか。

『研究』四七ページ上、四八ページ上と下の三枚に写っている口ひげの中年男性（本書五八ページ）は、いうまでもなく同一人物だ。三角は「昭和二十三年二月十八日丹羽福知山、下六人部《しもむとべ》由良川のセブリ地帯で」という説明を付している。だが、これは事実ではない。のちに述べるように三角は福知山（京都府）へんで、きちんとしたサンカ取材などしていない。行ったことがあるかどうかにも疑問がある。この男性は、辰三郎の仲間の梅田留吉であり、おそらくずっと関東地方で暮らしていたと思う。梅田についてはすでに触れた。

写真集で、二つ以上の場面に現れる人物というのは、だいたい以上で尽きている。三角が接触した、サンカと呼んでよい人びとの数は、これよりずっと多かったが、繰り返し取材したのは被写体になった集団に、ほぼ限局されていたと思われる。三角は、埼玉県中部地方でセブリを張っていた彼らの生態と民俗をもって、サンカ一般のそれとしたのである。しかも三角は、対象とした集団の特異性を誇張するため、また集団を実際より大きく見せるため、さらに取材に何十年もの期間をかけたと思わせるために、さまざまの演出と作為をこらしている。そうして、その知見をもとに、まったくのつくりごとを大量に付加しているのである。

3　演出と作為の事例

『資料編』冒頭の「サンカの生態記録写真集」には、「焼湯《やきゆ》」と題して十六枚の写真が載っている。撮影は「昭和二十五年五月十日、武州槻《つき》川縁セブリ地帯にて」とある。

その（1）には「この奇妙な風呂が焼湯である。風呂桶をもたないサンカは、地面に穴を掘つて、ビニールの雨覆ひを穴型に敷いて、それに水を汲みこんで、焼石を投げこんで、ヌルマ湯にして入浴する。昔は桐油紙であった」という説明が付いている。（3）を見ればよくわかるが、たしかにテントのように大きな、黒っぽいビニールを穴の形に沿って敷きつめている。サンカと呼ばれた集団が、三角のいう焼湯を使っていたことはまちがいなく、辰三郎らも、その風呂に入っていた。しかしビニールを敷くなどといったことはしていなかった。このビニールは三角が撮影のため、わざわざ持ってきたものであった。時期は昭和三十年代の前半である。

「焼湯」の十六枚と、「場越し」と題した十五枚に出てくる男たちは、たいていはんてんに白帯、女たちは水玉模様か、かすりのような袖なしはんてんに、やや幅広の帯、お腰姿だが、これらの衣装も三角が持参したものだった。『サンカ社会の研究』一〇九ページには次のようにある。

衣服

男子 サンカ社会には、一定の制服があつて、男は「テクリッツポ」と称する絆纏《はんてん》に紺股引《ももひき》、白帯である。テクリッツポといふのは、手繰筒袖のことで、生地は木綿、柄は万筋で、夏は単衣《ひとえ》、冬は紺裏をつけた袷《あわせ》である。白帯も木綿であり、股引は水色。足には黒脚絆《きゃはん》、ワラヂ履きである。現今ではゴム底足袋である。

クズシリだけは、白太縞の絆纏である。また帯も長目のものを前で〆縄《しめなわ》結びとする。

女子 女子は、お腰に袖なし絆纏、半幅帯でワラヂ履き（現今はゴム底足袋）である。お腰は、処女は茜《あかね》木綿で、人妻は赤のネルである。

三角は、被写体となった人びとに、この文章に合うような服装をさせたのだ。彼らはふだん、普通の農民となんら変わらない格好をしていた。彼らは、ゆとりの乏しい暮らしをしており、衣装にこだ

三角寛が撮影用に用意したテント。人物は右が大島太郎の妻、左が斉藤菊恵（『サンカ社会の研究』から）

わってなどいられなかったし、そうしなければならない理由もなかった。斉藤の記憶では、三角は用意した衣類を撮影が終わったあと持ち帰ったという。斉藤は、貸衣装ではなかったかと推測している。

『資料編』の「ユサバリ」の（3）や（4）、「場越し」の（1）や（7）、（8）そのほかにしばしば見えるテントについても同じことであった。ユサバリとは、三角の説明によれば野営用の天幕舎のことである。「ユサバリ」の（4）で三角は次のように記している。

> この写真が本格のユサバリである。
> 普通の場合は青竹を使ふが、こゝでは、手近に竹藪がないので、丸太を代用してゐるが、この二本の棒の抱き合はせが、すなわち「風《ち》木《ぎ》竹《たけ》」である。この木（竹）の上の方に、風穴をあけて、笛にして鳴

らせる。魔除けの「罪祓《つみばらへ》」といふ風笛である。

写真のテントは、いずれも六畳ほどであろう。買えば、かなり高価だったろうし、当時の天幕というのは、ごわごわして重かったから持ち運びにも難儀することになる。辰三郎のまわりにいた者たちはだれも、そんなものは使ったことがなかった。それを三角が、「場越し」の撮影の折りには四張りも用意してきたのだ。してみると、ユサバリの解説もつくりごとだと判断するしかあるまい。

ところで、その「場越し」(写真十五枚をおさめている)のさいの撮影についてだが、三角の記述では次のようになる。


武州飯能といへば、武蔵サンカのセブリ地帯だ。名栗川の川縁に、四張《はり》のセブリが並んでゐることを知つたので、自動車を飛ばした。

入陽を浴びたセブリの情景は絵のやうであつた。しかし、一夜セブリの「立て引き」といふ張り方であつた。前に一本の柱を立て、、それにロープを引いて、天幕を打ちかけた仮張《かりはり》である。

(今晩限りのセブリだな。では、自動車の中で見張つてみよう)

と決心して、自動車の中で寝た。

見張りさせてゐた運転手と助手が、

「場越しだ」

と、私をおこした。午前四時半であった。初夏の夜明は早く、もう天幕はあとかたもなく掻き

埼玉県大井町・弁天沼の現況。三角寛は、ここにセブリを張っていた久保田辰三郎一家を何度か訪ねている。（平成14年６月16日）

消されてゐた。〈「場越し」（１）〉

どつちにゆくのか、方向も云はない。行先を誤魔化すつもりか、少しも動かない。肩の篠竹のヒゴと藤蔓はしつかりかついでゐる。まだ懇意になり切れなかつたころであるから、こつちもおつかなびつくりの気持がある。〈同（３）〉

一連の写真は「どこへゆくのか、果たしてついてゆけるか、ゆけるところまで追尾」して撮ったことにしてある。しかし、すでに述べたように、そこに出ている天幕や、一群の人びとが着ているはんてんやお腰などは、三角があらかじめ彼らに渡してあったものだ。三角の使ったからくりがどんなものだったか、もはや語るまでもあるまい。

けれども、写真集における作為は、じつはそれほどひどいものではない。なんといっても、そこに写っているのは、まぎれもない移動箕作りの集団であったし、演出の背後には核になる事実があったといえないこともないからだ。ところが、これが文字部分になると、そんな生やさしい話ではすまない。至るところに奔放な空想の物語がちりばめられているのである。

『サンカ社会の研究』の虚構部分を特定する、もっとも重要な手がかりは第二章、第三節「生業本態」の記述にある。

三角は、この節の冒頭で「サンカの本態はあくまで箕作人で、すなはち農具製作業者である」と規定している。また『山窩物語』の、やはり冒頭に次のように書いている。

日本のジプシーといわれる**さんか**（山窩）とは、一体どんな民族であろうか？
農村でよく見かける箕《み》づくりがそれである。彼らは農家で新箕《あらみ》を売ったり修理をしたりして、その生活をたてている。従って部屋のある住居はもたず、村はずれの林の中や、川のほとりに**セブリ**（瀬降）という天幕小屋を設けて、近辺部落の仕事を一通りすますと、天幕をたたんで次の場所に移動するのである。これがジプシーといわれる所以《ゆえん》である。

三角は、サンカとは箕作り、箕直しを生業とする人びとのことだと理解していたことがこの文章からよくうかがえる。

箕作りには定住している者と非定住の者とがいて、三角が彼らと接していた昭和の初めごろから三十年代にかけては、すでに前者の方がはるかに多くなっていた。三角が、ここで言っている箕作りは、むろん後者を指してのことであろう。そういう前提でいえば、彼の定義は誤っていない。ただし、これがぴったりと当てはまるのは主に東日本においてであって、西日本ではだいぶん様子が違っていた。だが、そのへんのことについては、あとで語ることにして、いまは『研究』の虚構に話をしぼりたい。

　三角は「生業本態」で「箕の用途別」「箕の種類」「箕の素状」「固定製作」「用具と材料」「作り方」「藤の入れ方」「出来上り寸法」「不正箕《マガニホヒミ》と罪消箕《ハラヒミ》」「ヒゴの名称」の十の項目を立てている。要するに、第二章、第三節は箕の説明である。三角は例によって自信たっぷりに、精密な数字を連ねている。

　だが、この一節は、三角寛という人の箕についての知識が驚くほど乏しかったことを、はっきりと示している。

　三角は「箕の種類」の項で桜箕、藤箕、奥手箕、達磨箕、一斗箕、五升箕、甲州箕、鬼箕の八つを挙げたうえ、「この外関東には、越生《おごせ》箕、八日市、ヤチマタなどがある」としている。

　このうち桜箕と藤箕は材料による分類であり、奥手箕、達磨箕は形状による、一斗箕、五升箕は大きさによる、甲州箕は産地による区分けである。「鬼箕」は、しなやかさに欠けた硬すぎる箕を指す言葉だ。つまり「種類」という用語のもとに八つの名称を並記しているが、それは五種の分類基準によっているのである。ずさんというしかない。

　しかし、わたしが指摘したいのは、そのことではない。問題は、箕という農具は、例えば材料によって分類するだけで軽く数十種類を列挙できるのに、三角がそれを知らなかったというところにある。

　サンカとは何かを知ろうとすれば、箕の研究は欠かせない。じじつ、三角も箕については、ひととおりの取材はしていた。けれども、それは関東地方のものに限定されていたのである。もっとはっきりいえば、彼の知識のほとんどは、埼玉県中部域を移動していた久保田辰三郎らの教示によっている。三角が「生業本態」で語っていることは、いずれも関東地方西部のそれであって、例えば、そこから遠くない静岡県や新潟県には、もう当てはまらないのである。彼は、そのことに気づいていなかった。ほかのところについては、出身地の九州を含めて、いっさい調べていなかったからだ。

なお、「箕の種類」に付記してある「越生箕、八日市、ヤチマタ」については、「固定製作」の項で次のように敷衍している。

以上の箕（先に挙げた各種の箕のこと）は、全国のセブリで作られてゐるが、かうした移動セブリの外に定居《ヰツキ》の製作場が殖えつつある。その定居場所は普通の民家と軒をならべた一般の民家で、隠密族《シノガラ》は、この定住製作を全国的に実施しようとしてゐる。

既に関東地方では、

埼玉県越生　二十軒。千葉県八日市場　二十七軒。同八街《やちまた》　十九軒が製作を実施し、今では関東地方の五割五分ぐらゐの需要に応じてゐる。

具体的な地名を示し、精密な（というより精密すぎる）数字を並べ、あたかもゆるぎない事実であるかのように思わせる、それは三角がしばしば用いた手法だが、これもその一つだと言ってよいだろう。そのうえ、ここに書かれていることには問題が多い。

埼玉県越生町（正しくは隣りの毛呂山《もろやま》町）と千葉県八日市場市には、ともに関東地方有数の箕作り

移動する久保田辰三郎らの集団。これは三角寛演出のもとでの撮影だが、じっさいの移動もこんな感じだった。(『サンカの社会資料編』から)

村があったが、ここの箕作りの歴史は少なくとも江戸時代までさかのぼることができ、近年になって「イツキの製作場が殖え」た結果生まれたものではない。それに三角が論文を書いた昭和三十年代の半ば以前には、これらの村で箕作りを生業としていた戸数はずっと多く、「普通の民家と軒をならべ」ていたのではない。ほとんどの家がそろって箕作りに従事していたのである。

一方、千葉県八街市には、近隣に知られた竹細工の村はあったが、十九軒もの家が箕を作っていたという事実はない。竹細工の村なら箕作りもしていたのではないかと思われるかもしれないが、東日本では、ごく一部の例外をのぞけば、竹職人が箕を作ることも、箕職人がほかの竹細工に手をそめることもなかった。双方は、くっきりと区別できたのである。

三角は「用具と材料」の項の末尾に「昭和三

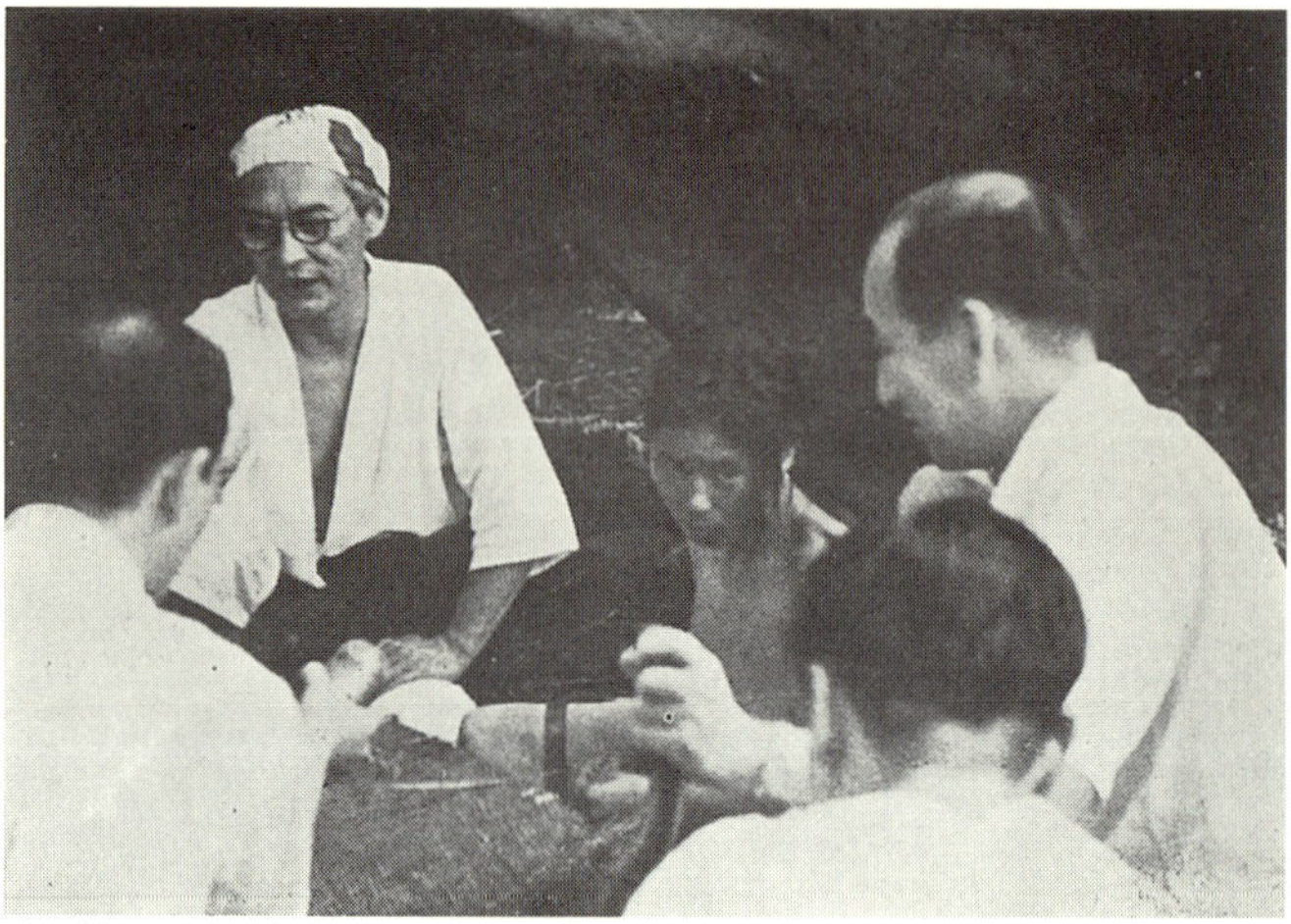

弁天沼のセブリを訪れた三角寛。右はNHKのアナウンサー藤倉修一（『サンカの社会資料編』から）

十六年十月十日、関東箕製作者組合埼玉支部員大島太郎（四十五歳）と久保田辰三郎（六十九歳）が説明」の一文を、さりげなく挿入している。『サンカ社会の研究』の中で、二人の実名を出しているのはここだけだが、それはさておき、これは三角が箕について、どこで、だれから聞き取りをしたのか、はからずも打ち明けたものといってよいだろう。そうして、本節の記述は辰三郎らの知識を一歩も出ていないのである。

三角は、山陰の松の薄板を使った大型の箕を知らなかった。近畿、中国地方のあちこち、ことに四国に多かった、いくつものタイプの竹箕のことを知らなかった。九州では藤箕ではなく、桜箕と竹箕が主流であることも知らなかった。静岡、新潟その他の地方の藤箕は、藤の皮ばかりでなく芯まで叩きつぶして利用することも知らなかった。知三角はサンカの本態は箕作りだと断じている。彼は東っていれば書かなかったはずはないのだ。

北地方を非サンカ地帯としているが、東北のさまざまな材料の精巧な大型の箕についても、なんの知識もなかったに違いない。

要するに三角の、とくに戦後の研究フィールドは、ほとんど埼玉県中部に限局されていた。ほかの地方では取材といえるほどのことはしていないのである。

第四章「社会構造篇」の第四節は「婚姻に伴ふ守則その他（夫婦の性行為）」と題されている。そこには「セブリの性交度数」という項があり、「度数例　㈠　東海道」で次のように述べている。

以下の告白例は、東海道十五ケ国をめぐつて、四十五人につき尋問した真実度百点と信じたものである。

香具師《やし》の口上並みの大ぶろしきにつづいて、四十五人から選んだとしたものであろう、十五組の夫婦の年齢や子供の数を記したうえで、「月経中続行」だとか「毎日。一日二回平均」だとか「セブリ、野外半々」などの「調査結果」を表にして克明に記録している。そうして末尾に注記を付けることを忘れない。

以上は、東海道十五ケ国の告白例であるが、この種の探採は、筆記具を見せると、緘口黙秘されるので、録取はおろか、目的を逸してしまふ。そこですべてクズシリの仲介命令に依らねばならない。したがつて、場所と姓名を公表しないことをクズシリに確約してここに発表したものである。

第三者には検証不能な仕掛けになっているのだ。サンカなる集団に、これほど肉迫したのであれば、箕のことを調べなかったはずがない。ところが、「性交度数」の精細緻密な描写に対し、「生業本態」の記述は情ないくらい簡単粗雑なのである。後者のような主題でつくりごとを並べたら、早晩、露見してしまうことをおもんぱかったと考えるしかあるまい。

4　三角寛は何を知っていたか

『サンカ社会の研究』には、サンカ集団に独特の「サンカ文字」があったと書かれており、その写真も載っている。三角の著述にしたしんだ人なら、すでにおなじみのものである。これが世に出たいきさつについては、『研究』の第三章「分布篇」に詳しい。

「サンカの遊芸《えらぎ》、相模阿国《おくに》」なる女性が、集団内部のもめごとにからんで部内の裁判にかけられ、死罪の決定を受けたため警察に駆け込んだことが発端であったという。阿国は事情を打ち明け「殺される」と訴えたが、話があまりに荒唐で刑事が信じない。そこで阿国はセブリの世界がどんなものかわからせようと、サンカ文字で記した「全国サンカ分布表」を腰巻の貴重品入れから取り出して相手に示したことになっている。分布表は、「あぶり出し」になっていて、火にあてると暗号のような文字が浮き出してきたのだった。刑事が、それを手に取ってみると、文字の部分がぼろぼろと散り落ちる。そこで、ちょうど来合わせた写真師に急いで撮影させた。翌日、刑事は改めて分布表をひろげながら阿国に質問しようとしたが、表が写真に撮られたことを知った阿国は、それを刑事の手から奪い返して火鉢に投げ込んでしまった。だから現物は焼失し、写真だけが残ったとしている。大正一二年（一九一三）九月のことだ。

サンカ文字なるものが本当に存在したかどうかについて、じつはまともに取り上げる気持ちになれない。『研究』に長々と記されたいきさつを要約することにさえ徒労を覚えるが、これは三角が提示したサンカ民俗の中核の一つといってよい問題なので、わたしなりにひとこと述べておきたい。

そもそも、この話は、はなから虚構として読んでもほころびが少なくない。三角は分布表の「文字の部分が、ボロボロになつて散り落ちるので」と書いているが、『資料編』に載せてある八枚の写真のどこを見ても、ぼろぼろになってもいなければ、散り落ちてもいない。また阿国が火鉢に投げ込んだ分布表を刑事が急いで拾い上げたとある。そのあいだに火鉢の火でいどで八枚の紙が、いっぺんに焼けるとも思えない。「あぶり出し」と言いながら、写真の文字が「明礬《みょうばん》を削竹につけて、紙に染みこませ」たものに見えるだろうか。阿国は、いったん渡した本物が、写真に撮られたからといって、なぜ「急に刑事の手から奪ひ返」さなくてはならなかったのか。不自然なことが多すぎるのである。

さらに斉藤も、辰三郎の子供たちも、そんなものは見たことがないと言っている。第四章、第二節で紹介した栃木県在住の須藤力次、カヨ（いずれも仮名）夫婦にサンカ文字のことを訊いたら一笑に付していた。

私見では、サンカ文字やサンカ分布表のみならず、

①サンカには全国的な統制機構があって、アヤタチの一《かみ》を最高権力者にミスカシ—ツキサシ—クズ

シリ―クズコ―ムレコ―各セブリの厳格な序列がある。
②ヤヘガキという共通の基本法（憲法）の下に、ハタムラと呼ぶ伝承法が存在してきびしく守られている。
③サンカの元祖は神代に実殻別作人《みからわけのなすと》として一族を形成し、国津神の末孫であると信念して今日に至った。
④部内に共同募金の制度があり、その総額が昭和三十六年四月には全国で二億四十九万余円に達した。
⑤セブリの男女合わせた平均寿命は、昭和二十五年十二月現在で八十七歳九十五日という数字が出ている。
としていることなどは、みな三角のほしいままな空想の所産である。

このほかの記述も含めて、『サンカ社会の研究』には、そのまま事実と受け取って差しつかえない部分は、ほとんどないと思う。けれども、なんといっても彼らの社会に長く深く接していただけに、三角が膨大な情報と知識をもっていたことは、まちがいない。


三角と、埼玉県中部域で暮らしていた移動箕作りたちとの接触、交流は研究者とインフォーマントとの関係の域を大きく越えたものであった。それは彼らの民俗そのものにさえ微妙な影響を及ぼしたほどである。

例えば、久保田辰三郎の長男、松島始（昭和十五年生まれ）はよく「俺たちサンカは」という言い

埼玉県狭山市のもとセブリ場を再訪した松島始。三角寛は、ここへも来たことがある。うしろに見えるのは入間川にかかる豊水橋（平成15年4月13日）

方をする。これだけを取り上げれば、彼らが「サンカ」の言葉で自らを呼んでいたように思えてしまう。しかし、この語彙はじつは、三角が彼らの社会に持ち込んだものであった。始も、そしておそらく辰三郎や彼の仲間たちも、三角が現れるまで、そんな言葉は耳にしたことがなかったのである。

「おい、始、お前はサンカだぞ」「始、お前たちのことを世間ではサンカと呼ぶんだ」

三角はしばしば、そう言っていたという。

自称、他称いずれにしろ、この言葉が関東地方の日常語（いわゆる民俗語彙）として使われていた確実な事例を、わたしはまだつかんでいない。たしかに「サンカ」なる言葉を口にする人はときどきいるが、それはどうもマスメディア（ことに三角の戦前の膨大な小説群）からの借用のようだ。この言葉は、明治の初め以前には、西日本の一部地域でのみ使われていたのではないかと思う。

左から大島太郎、久保田辰三郎、松島ヒロ、大島の妻（『サンカ社会の研究』から）

それでは辰三郎らの集団は、もともと何と自称していたのだろうか。始は、かつてセブリを張った場所へわたしを案内しながら、そこで出会った人びとに、

「俺のこと、おぼえてる。ほら、昔、このへんを回ってたミナオシだよ」

と切り出したことが何度かあった。

ミナオシ（箕直し）は、とくに東日本で、いまもよく耳にする日常語である。例えば、関東地方の村落社会で暮らす（あるいは暮らしたことがある）、おおむね昭和二十年前後より前に生まれた人なら、まず例外なく耳にし、口にしていたのではないか。意味は文字どおり、農具の箕を修繕して回る職業者と、その家族のことだ。

しかし、この言葉には、いくぶんか地域差はあるにしても、強い賤視のひびきがまとわりついていた。被差別民を指す隠語のように考えていた人びとも少なくなかった。だから面と向かって発するたぐいのものではなく、また当の本人たちにしても、心にわだかまりを覚えることなしに口にすることはなかったのである。たまたま始という人には、世俗のしがらみを超越したようなところがあり、差別など眼中にないようで、そのため自分のことをミナオシと呼んだのだろうが、それでも他人からそう言われることは好まないと思う。彼にとっては一種の借用語であるサンカの方が口にしやすいのかもしれない。

サンカの名で呼ばれた集団と、被差別民とは、何重もの意味で深いかかわりがあった。三角は、そのへんについて慎重に言及を避けているが、むろん、はっきり気づいていた。

『研究』の第二章、第一節は「生業種別」（分類）の題が付いている。

サンカは何をして生きてゐるかといふ生業種別は左の通りである。

と、あっさりした前置きにつづいて「十二部《トフタベ》」「遊芸」「労務」「シナド」の四項を立てている。「十二部」の第一番は「箕つくり」としており、以下、「箕直し」「笊《ざる》つくり」など、合わせて十二の職種が挙げてある。

遊芸は十種、労務は五種、シナドは八種といった具合に、ことさら様式化している面があり、また情報源については例によって、言いたいほうだいのつくりごとを並べてはいるが、ここに書かれていることは、おおむね事実と考えてよいと思う。

「労務」の項で三角は記している。

単なる労務だけで、たいした芸もなく、生産もしない部門を「モリス」（守巣）といふ。番小屋のことである。種別としては、

ヤモリ（山守）　イケス（池番）　カモリ（川番人）　ノモリ（田畑番人）　ウキス（繋留船の番人）

以上を「イツモリ」（五守《いつもり》）といふ。

サンカと番小屋とは深いつながりがある。サンカが定住するさい、まず番人として一般の村落社会へ入っていった例は、かなり多い。番小屋に住んで与えられた役務に従いながら、かたわら箕作りや箕直しにはげんだのだ。

三角のいう「イツモリ」の仕事が、江戸時代の法制上の、あるいは事実上の被差別民の職掌となっていた例は少なくなかった。それは「十二部」や「遊芸」についてもいえることである。

第四章、第五節、十二の「隠密族《シノガラ》」の項には、興味ぶかい記述が見える。

クズシリ輩下のユサバリのほかに、武蔵の地域には、ユサバリとトケコミとの中間に位置する絶対秘密の集団がある。これを隠密族《シノガラ》といふ。

これは、昭和三年に、東京のクズシリ隅田川一を「族長《ガヲサ》」として結成されたもので、「府内族《フナガラ》」一族を中心とした、潜伏居附《いつき》の結社である。

昭和二十四年度を時点とするセブリから一般社会へトケコミした武蔵国の数は、五、九一三戸

であるが、この隠密族は、昭和三十六年三月十六日を時点として、一八、六三〇戸、家族総数は八三、八八〇人。この性別内訳は、男子四一、八四一人。女子四二、〇三九人である。

この秘密結社は、明治維新によつて、社会が進運に向つたときから、自然に芽生えたものである。士農工商の差別がなくなつたことから、今まで自分たちも見下げ、一般社会から賤民として扱はれて来た新平民と混同されてはならない、といふ意識から発芽して発生した、一般人とセブリの中間結社である。

そもそも箕作は、神代から、直接の人民である百姓《オホミタカラ》の奉仕者として、神事の奉器や祭具作りを奉仕してきたので、屠殺、斃獣処理、履物、箒《はうき》作りなどには従事しない部族である。しかるに、さうした歴史や伝承に生きてゐることを知らない一般社会からは、それらと混同視される。このことを、忍び得ない心情から、この中間結社をつくつて、子女教育に重点をおいて優秀人材を一般社会におくりだしてゐる。

非人頭支配下におかれた民衆と、歴然としたセブリ者を混同する社会眼は、セブリ者の根本異を知らない誤断からである。


まず前半についてだが、大げさかつ詳細すぎる数字を並べたり、架空の人物を持ち出すなど、例のごとき過剰な粉飾がほどこされてはいる。しかし三角の構想のもとになったと思われる、結社というよりは一種の連絡組織は、たしかに存在していた。それは、縁組みによってつながった血縁者を中核とする集合体であった。その連絡網のいちばんの機能は、部内での縁組みの斡旋と、相互扶助であっ

右は松島タマ子、左は松島初子（『サンカ社会の研究』から）

た。

　相互扶助には、例えば、なんらかの事情で育てることができなくなった子供を、仲間のだれそれが養子、養女にするといったようなことがあった。わたしは、ほんの何例かしか把握していないが、三角は、このへんのことには深く通じていたはずである。また、だれとだれがもと夫婦で、その子がだれと結婚したかなどにも、彼はとても詳しかったに違いない。近親結婚に近いケースが、ままあったことも知っていたであろう。けれども、それらのことは『研究』にはほとんど出てこず、代わりに、事実とはほど遠いつくり話で全編が埋めつくされているのである。

後半で三角は「非人頭支配下におかれた民衆と、歴然としたセブリ者」とは違う、と言っている。たしかに江戸期の法制上の被差別民であった「えた」「ひにん」とサンカとは違う。サンカは、私見では、人別帳にも載らない、法制の外に置かれていた集団であった。しかし、双方ともきびしい賤視の対象になっていたことに変わりはなく、三角には、それもよくわかっていたに違いない。

第七章　サンカの名義と系譜について

1　サンカと箕、竹細工、川漁

『山窩の生活』の著者、鷹野弥三郎は、その書の冒頭部分で、

現に私が十数種の辞書を繙《ひもと》いて見ても「山窩」という文字、言葉を発見する事が出来ない。

と記している。大正時代の辞書類には、この言葉は載っていなかったのだ。つまり広く通用している言葉ではなかった。

鷹野は次のように考えていた。

現在日本で用いられている、幾多の辞書中に此の言葉がない程であるから、此の言葉の世上に普及されたのは最近の事と考えなければならない。少くとも明治になってからの新熟語、新名詞といわなければなるまい。処が大正の時になっても尚辞書中にないのであるから、或は之れをし

て、単に警察界の通用語とでも称して置く方が適当かも知れない。それが山窩の被害検挙等を報ずる新聞紙によって世上に広く普及された言葉とも称せられる。

「サンカ」という言葉が、明治期の警察部内で刑事たちの隠語として、まず使われはじめ、それがメディアによって外部社会へ流れ出た結果、日常語として定着したとする見方は、この分野のおおかたの研究者、観察者に支持されているのではないかと思う。

しかし、だからといって、この言葉が維新後の造語だというわけでは決してない。次節で詳述するように、十六世紀前半には確実に存在していた。ただ、その使用地域は、そんなに広くはなかったようだ。おそらく中部地方の西部から近畿、中国地方にかけての範囲で、しかも、その一部でのみ通用していた語彙ではなかったか。そうして警察関係者の中に、その地域出身の者がいて、これを部内に持ち込んだのではないか。

その折り、もとの民俗語彙がもっていた意味がゆがめられ、べつの意味が新たに付加されたのである。刑事たちは、「サンカ」を「各地を漂泊しながら特異な手口で凶悪犯罪を繰り返す、危険な無籍者の集団」ないしは、それに近いものを指す部内用語として使っていたように思われる。鷹野の『山窩の生活』には、それを裏付ける表現が充満している。

近代国家というのはどこでもそうだろうが、無籍者の存在を許さず、そのような者がいれば、なんとかして戸籍へ編入させるという強い意志を抱いている。明治国家もむろん、その例に漏れない。無籍では「納税」「兵役」「義務教育」という国民の三大義務も果たせないのである。

国家の警察部門は、もっと直截《ちょくせつ》であった。ただちに犯罪者、そうでなければ犯罪予備群とみなした。もちろん警察にもいろんな人間がいて、なかには彼らの生態と民俗にかなり正確に通じている者もあったろう。しかし、おしなべていえば、その無籍者像は敵意と偏見にみちていた。明治初期のころにはまだ、さまざまの歴史的いきさつによって生まれた無籍者の集団が、おそらく人口千人につき何人といった高い割合で存在していたとみられるが、彼らを総称する適切な呼び方がなかなか見当らなかった。例えば旧時代の「野非人」などは、それに近いニュアンスの言葉であるにしても、これでは少々どぎつすぎる。また一般的にいって、意味のはっきりした言葉は隠語にはなりにくい。そこへいくと、「サンカ」は聞きなれないうえ、原義もよくわからない。ここらへんが「サンカ」が徐々に、だが着実に全国の警察へ波及していった理由であったかもしれない。

いずれにしろ、「サンカ」という言葉には、江戸期以前から存在する日常用語に基づく意味と、明治以降の警察に始まり、メディアを通じて一般化した用法における意味とがあった。むろん両者には通じ合うところも多いが、しかし、ぴったりと重なるわけではない。

さらに、この言葉の理解を複雑にさせている、もっと別の事情がある。それは、日常語では「サンカ」とはいわないにもかかわらず、生態と民俗の点で、そう名づけ得る集団の存在が、ほぼ全国的に認められ（もちろん、北海道は除いての話だが）、その人びとも、しばしば「サンカ」の名で呼ぶことからきている。オゲ、ポン、ノアイ、ナデシ、ケンシ、サンガイ、テンバ、ミナオシ……など、その呼称はオゲタ、ポンスケ、ケンタ、テンバモン、ミーヤ……のような派生語まで含めると、数十から百種以上にもなるのではないか。

ともあれ、こんにちではサンカという言葉に、漂泊・移動生活者ないしは非定住民の総称としての用法が生じているのである。それゆえオゲ、ポン、ミナオシなどをサンカの別称あるいは方言と考えたり、そう表現したりする人たちも出てくることになる。しかし、厳密にいえば、それらは別称でも方言でもない。生態に共通点が多いことは確かだが、半面、差異も認められるからだ。だいたいにおいて、名前が異なれば生態にも微妙な違いがあると考えてよいのではないか。

総称としての「サンカ」の語は、たぶんに人工的な言葉である。研究者の専門用語に近い性格をもっているといってよいかもしれない。だが、これにも少なくとも柳田國男いらい一世紀ほどの歴史がありいまではほとんどの辞書、事典類に立項されている。鷹野が『山窩の生活』を書いた大正時代とは、その点で大きく変わったことになる。

名義についての私見をまとめると、「サンカ」の語には、

①江戸期以前から、おそらく西日本の一部地域でのみ使われていた日常語としてのサンカ。

②警察部内の隠語がメディアを通じて外部社会に広がった言葉で、犯罪者集団あるいは、その予備群を指すサンカ。

③研究者の専門用語の性格を帯びながら、彼らの著述によって一般化した総称としてのサンカ。

の三種類がある。

総称としてのサンカが従っていた主たる生業は、

・箕

・竹細工
・川魚漁

の三つに大別できる。
研究者の中には箕を竹細工に含めて「箕などの竹細工」といったような書き方をする人が、すこぶる多い。どんな種類の箕なのか説明せず、むぞうさに「竹箕」と記すことも少なくない。たしかに、ほとんどの箕が材料に竹を使っているので、これでもまちがいではない。しかしサンカについて考えるさいは箕、とくに藤箕系の箕と、ふつうの竹細工とは区別しておく方が、系譜を理解するうえで望ましい。第三章で述べたように藤箕系の箕と、一般の竹細工とは、その職人たちの集団の点でも、くっきりと色分けできる別系統の技術であるからだ。

箕直しという職業は、どうも藤箕系の箕とのかかわりが強く、竹箕との関係は、どちらかといえば、うすいような印象を受ける。代表的な藤箕文化圏である関東では、平成十年代のこんにちでも、箕直しのことをいくらでも聞くことができるのに、典型的な竹箕文化圏の四国では、大正生まれの農民でも、その言葉さえ知らない人がほとんどで、箕は壊れたら捨ててしまった、というのである。これが、なんらかの要因で四国では箕直しの職業が早くに消滅してしまったためなのか、もともと竹箕は藤箕系の箕にくらべて修繕になじみにくいせいなのか、よくわからない。

ただし、竹箕文化圏に箕直しがいなかったということではない。大阪府堺市上村《かむら》（旧泉北郡福泉町上村）は、江戸時代から上方ではよく知られた竹箕の箕作り村であった。

『大阪府文化財調査報告』第十四輯（昭和三十九年、大阪府教育委員会）五五ページに見える、文政

四年（一八二二）の裏書きがある同村の『箕屋仲間定書』に、

　一、箕直シ杯と申他所へ出堅いたし間鋪候事

とある。（原資料の誤りか誤植かわからないが、「杯」は正しくは「抔《など》」、「間鋪」は「間鋪《まじく》」であろう）

これによって、同村には「箕直し」と称して他郷へ「出堅《でかた》」をしていた者のあったことがわかる。仲間うちの「定め」で、それを禁止したのは、おそらく、そのさい新箕《あらみ》を安く売ったり、修繕で上村《かむら》箕《み》（ブランド名のようになっていた）の需要が減少することを防ごうとしたのではないかと思われる。

なお、わたしがこれまで目にしたかぎりでは、この『定書』が「箕直し」（箕作りではなく）の語を記した、いちばん古い文字資料であった。

竹筬《たけおさ》　機《はた》織り機の部品である。絹糸用はとくに目が詰んでいる。（平成15年４月13日）

竹細工というのは、その種類がすこぶる多い。ここでは、そのうちの筬《おさ》と茶筅《ちゃせん》について述べること

にしたい。
筬とは機織《はたお》り機の付属具である。算盤《そろばん》の枠のような長方形の木枠の中に、竹の薄片を櫛《くし》の歯状にびっしりと並べた道具だ。布を織るときは、その一本、一本のあいだに、あらかじめ経糸《たていと》を通しておき、緯糸《よこいと》を織り込んだあと、筬でとんとんと目を詰めていく。織機の心臓部に当たる器具だといってよい。

明治期までは「歯」は、もっぱら竹を材料にしていたが、大正時代になって金筬《かねおさ》が現れ、竹筬は急速に姿を消していく。けれども、絹などを織るには竹筬がよいということであり、いまでもわずかながら生産されている。

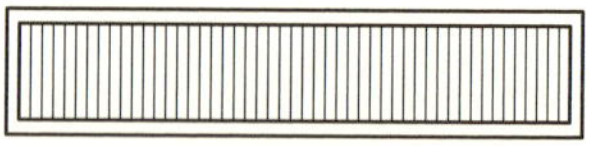

竹筬は各地の博物館や歴史民俗資料館などに展示してあるのを、ときたま見かける。顔を近づけると、その驚嘆すべき精密さがよくわかる。あらゆる細工物のうちで、もっとも高度の技術を要するものの一つではないかと思う。ところが、まことに奇妙なことに、筬職人はしばしば「筬《おさ》掻《か》き」の名で呼ばれ、古くから強い賤視の対象になっていた。江戸時代には「筬掻き、担桶《たご》の手」という言葉があったが、それは蔑称を通り越して、ののしり言葉に近かったようだ。「担桶の手」とは、肥桶《こえたご》職人のことである。

『松屋筆記《まつのやひっき》』という江戸時代に書かれた随筆集がある。江戸後期の国学者、小山田与清《おやまだともきよ》（一七八三―一八四七年）の著で、明治四十二年（一九〇九）に国書刊行会から印行されている。その（五十九）に注目すべき記事が見える。

関東にて箆を造る者を久具都《クグツ》と呼て平民おとしめおもへり。これ古の傀儡の類にて、住処不定の者、箆を売あるきたるなるべし。其子孫、民間に雑処せれば、いやしめて平民縁など結ばざる也。（振り仮名は原著者による。句読点は筆者が付した）

また、欄外上部の頭書に次のようにある。

陸奥岩城辺にては箆かき女と称し、橋辺空閑の地などに家ゐし、箆をうりありきて、その料に米穀などを乞也。米袋を持ありくゆゑ乞食の類に似たりとなん。

ここにえがかれている「オサカキ」を、サンカの一類型とみなしても、おそらくだれにも異存はあるまい。戦後になっても見かけることができた「ミナオシ」とも、よく似ている。武蔵サンカの一人、久保田辰三郎の長男始は、仲間の中に箆も作る男がいたと話している。始は昭和十五年の生まれであり、機《はた》などさわったこともないのに、箆がどんなものか正確に説明できるところからみて、事実と判断してよいと思う。

茶筅は茶碗の中をかき混ぜる竹製の道具である。いまは茶道で使うくらいのものだろうが、以前は茶碗に切りきざんだ茶の葉をじかに入れ、そこへ湯をそそいでかき混ぜる飲み方がふつうであったらしく、茶筅は各家になくてはならない道具だった。それを作る人たちのことも茶筅といい、また地方によっては鉢屋《はちや》とも呼んだ。『部落問題事典』の「茶筅」と「鉢屋」の項には次のようにある。

茶筅　中国地方に群居した賤民の称。茶筌とも書く。地方によっては鉢屋と同義に用いられる。中世以来念仏を唱えながら廻村していた。彼らは竹細工をよくし、これを生活の糧にもしたから、茶筅・ささらとも呼ばれた。（以下略）

鉢屋　空也の流れをくむ放浪の念仏集団。定住地を持たず諸国を放浪、乞食鉢にて鉢を叩きながら廻村したから、鉢屋・鉢たたきなどと呼ばれた。また勧進・門付けの合間に竹細工を行なったことから、茶筅・簓《ささら》とも呼ばれたが、これを別の賤民とする所もある。中国地方に群居、とくに出雲・伯耆《ほうき》部に多い。（以下略）

中国地方の一部で、ほんの何十年か前まで箕の行商に各村を回っていた人たちのことを「ハッチャ」（鉢屋）とも呼んでいたことについては、第三章の終わり近くで触れた。

第四章の1「定住の軌跡」で紹介した、現茨城県竜ケ崎市根町の愛宕神社下に住んでいたミナオシの「梅田」は、既述のように簓も作っていた。戦後、武蔵サンカの集団に身を置いていた梅田留吉（昭和三十年九月死亡）は、この「梅田」の同族だと思われるが、その写真が『サンカ社会の研究』四八ページに載っている。二枚のうち下の写真説明には、

このセブリ主は、箕も作るが、簓《ささら》や茶筅を削る仕事が好きで上手だ。右手の刃物が削刀の双刃である。

とある。簓や茶筅うんぬんは、おそらく嘘ではないだろう。

茶筅あるいは鉢屋と、東日本のミナオシやオサカキとのあいだに重要な共通点があることは、おおかたがうなずけるところだと思う。

川魚漁を生業の柱にすえていたサンカの類型は、東日本ではうんと少なかったような印象を受ける。例えばミナオシだが、おおかたが職業的な川漁とは無縁に近かった。先の「飛行機力《りき》ちゃん」こと須藤力次（仮名）の一族などは、長く鬼怒川のそばで暮らしていたにもかかわらず、川の生き物にはほとんど、かかわっていない。武蔵サンカの場合も、生業として川漁に従っていたふしはない。

ところが、これが西日本になると、がらりと様子が違ってくる。川をよるべに生きた非定住民がとても多く、そのタイプも多彩であった。この差が何によって生じたのか、まことに不思議な現象というほかない。

京都府北部由良川べりで聞いた「オゲタ」や、鳥取県西部と兵庫県西部で耳にした「サンカ」、四国北東部の「サンガイ」のことは、前に記した。後藤興善の『又鬼と山窩』に出てくる兵庫県姫路市近辺の「オゲ」も、職業的な川漁師であった。ほかにも、かなり多数の同種集団の観察例がある。その一部を紹介させていただく。

宮本常一著『山に生きる人びと』（昭和三十九年、未来社）五八ページ以下に次のようにある。

・昭和一〇年ごろの夏、大和川の川原（現在の大阪府堺市北部か松原市北部あたりのどこかであろう）

へ突然二〇ばかりのテントが張られたことがあって、何だろうと思ってやっていってテントの住民たちと話したことがあったが、土用ウナギをとりにきている者で、大和・紀伊・大阪の川をずっとまわり歩いて日ごろはウナギにかぎらず川魚をとっているとのことで、サンカの群だったのである。

・昭和一四年から一八年にかけて、私は全国にわたって歩きまわったが、山中でときおりこの仲間に会うことがあった。大和吉野の山中や四国の仁淀川・吉野川の流域では幾組もの仲間に会うた。川原に本当に粗末な小屋掛けをしてくらしており、いずれも川魚をとっていた。

次は沖浦和光著『幻の漂泊民・サンカ』（平成十三年、文藝春秋）からの引用である。話者は広島県三次《みよし》市の被差別部落在住の女性で、対象となった時代は「一九三〇年代」だという。

・私の子どもの頃には、この部落にも「サンカ」がよくきよった。子供づれで旅から旅をしながら、田の番小屋に一週間ほどいよった。箕や籠、タワシやハタキを自分たちで作って売りよったが、みんな手先が器用でいろんな細工物が得意じゃった。サンカはみんなして、よう働きよった。男親が上手に川魚を捕って、女親がきれいに料理して、一軒一軒回って売りよった。（二四六ページ）

同書はまた、奈良県吉野郡の『下北山村史』（昭和四十八年、下北山村役場）に見える、「カメツリ」

と呼ばれていた人びとについての記述を紹介している。

・どこの者とも判らないが、昔は毎年幾組もやって来た。ヒトリボシ（独り者）もいたが、たいがいは女房子連れだった。カメツリの語源は判らないが、しまいにはウナギツリともいった。

　春になって一寸ぬくもって来ると「もうカメツリや来た」などと言って見ていた。テンマク（天幕）を川原に張って付近を転々し、主にウナギを目当てに、カブやキンタ（ハヤ）を餌にしてナゲヅリし、また網でアメ（アメノウオ）やウグイを捕って、捕った魚は女房や売子がダンナシや宿屋などへ売りに来た。

　オチウナギ（死んだウナギ）などちゃんとリョウッて（料理して）焼いて売りに来た。よう魚を捕らん家へばかり来たから結構捌《さば》けた。魚を米や品物と取り替えることもあれば、お金を貰って行くこともあった。

　子供が生まれると川原に大きい穴を掘ってその中で焚火《たきび》をし、そのあとへ水を入れて沸かしたり、岩のクボケ（窪み）に湯をとったりしてユアミさせた。余計《よけい》捕れる所では半月も一月も、長い人は三か月もいて、大川や小川を渡り歩いたが、冬はウナギが捕れないので、カンゴ（籠）を作って売りに来た。

　この人たちの天幕は蒲団《ふとん》皮のような縞《しま》や碁盤《ごばん》などいろんな布をツギサガシたもので、竹を二本組み合わせて両方に立て、上に竹の棟を渡してその布を掛けた簡単なものだったが、結構雨も漏らなかったらしい。天幕を張るには山と川との境の良いダイラなどを選び、場所が悪いと自分で

平地《ひら》を作った。（二三―二四ページ）

2　中世資料に見える「三家」とは何を指すか

平安時代後期の大治三年（一一二八）ごろ成立した源俊頼の『散木奇歌集《さんぼくきかしゅう》』の第十、連歌の部に次のような詞《ことば》書《が》きと歌が見える。

ふしみにく、つしさむかまうてきたりけるにさきくさにあはせて哥うたはせんとてよひにつかはしたりけるにもとやとりたりける家にはなしとてまうてこさりければ　家綱　うからめはうかれてやともさためぬか　つく　く、つまはしはまはりきてをり（群書類従版による）

この一節に、まず注目したのは柳田國男である。柳田は『「イタカ」及び「サンカ」』の中で、右の「く、つしさむか」を「傀儡師《くぐつし》サムカ」の意にとり、「傀儡師を其頃一に又サムカと称せしなりとも解し得」と考えたのだった。ただし、慎重な学者だったから「只一つの証なれば誤字等も計り難」いとして、断定はしていない。

はたして、これには早速、歴史学者の喜田貞吉が疑問を呈することになる。喜田の論文『サンカ者《もの》名義考』（大正九年、『民俗と歴史』四巻三号）から、そのくだりを引用する。

さすがに博覧なる柳田君だけあって、うまいものを見付け出されたとひたすら敬服の外はない。

併しながら是は柳田君も既に言はれた如く、「たゞ一つの証なれば誤字等も計り難い」といふ以外に、実は本来「くゞつし（傀儡師）なるサンカ」と読むのではなくて、「くゞつなるシサムといふ名の者がまうで来《きた》りけるに」と読むべきものではなからうかとの疑がある。

喜田は、その理由として次のように述べている。

「くゞつ」にしても、「くゞつまはし」にしても、それを其の頃に於て「くゞつし」と云つたとは思はれぬ。是は平安朝に傀儡子と書いたのを後に人形遣ひのみのこととして傀儡師と書くやうになつて後の事であらう。随《したが》つて右の連歌の詞書は、「傀儡師《くぐつし》なるサムカ」ではなくて、「傀儡《くぐつ》なるシサムが」と見るべきものであらう。

サンカという言葉の使用例は、いったい、いつごろまでさかのぼることができるのかは、サンカの系譜研究にとって決定的に重要な意味をもつ。それで、はっきりさせておきたいのだが、『奇歌集』のこの部分については、柳田の読み誤りであって、喜田の方が正しいというほかない。当時、「四三《しさん》」という名のクグツの名人がいたからである。

四三の名は、後白河天皇（のち法皇）が撰した『梁塵秘抄口伝集』の巻十（この巻の成立は一一七九年ごろ）に数カ所にわたって出ている。四三は、後白河が今様《いまよう》を習った「さはのあこまろ」や「乙前《おとまえ》」らより一、二世代前の人物で、先の詞書きと合わせると、十二世紀初めごろの著名な芸能者であったようだ。したがって、『奇歌集』の記述は、サンカという言葉の使用例には当たらないことになる。

それでは、この語の使用例は、いつごろまでさかのぼり得るのだろうか。

『貞観《じょうがん》政要《せいよう》格《きゃく》式目《しきもく》』という書物がある。これを初めて広く世間に紹介したのは、喜田貞吉であった（昭和十四年、「サンカ者の名義に就いて」。『高志路』五巻一号所収）。

喜田は、同書の写本が高野山宝寿院の所蔵文書中から見つかり、原本の筆者も執筆時期もわからないが、写本の奥書きに永禄十年（一五六七）九月、「遠州相良庄西山寺住呂良宥写畢《うつしおわんぬ》」とあることを報告している。

また、『同和問題研究』第六号（昭和五十八年、大阪市立大学同和問題研究会）所収の牧英正著『貞観政要格式目の研究』によると、『格式目』は江戸時代に三度も板行されており、さらにそれ以外の写本が、牧が確認できただけで八点もあるという。そのうち奥書きのあるものでは天文八年（一五三九）の高野山三昧院所蔵本が最古だが、これより古いと推定される写本も残っている。要するに、『格式目』は十六世紀の前半には、すでに成立していた。そうして、そこには「三家者」「三ケ」の語が記されているのである。

『貞観政要格式目』は、「僧ノ官位職」や「位牌」などについて説明した、僧職向けの実用書であった。これを手に取った人の多くは、僧侶だったろう。各写本を比較すると、かなりの異同がみられるらしいが、ここでいま問題にしようとしている位牌に関する部分には、それがほとんどないという。それゆえ、『日本民俗文化資料集成』第一巻（平成元年、三一書房）によって容易に目を通せる前記、高野山宝寿院本から、「三家者」の位牌の書き方を記したくだりを引用することにしたい。

其類例ヲ云三家者也。藁履作《ぞうり》リ、坪立《つぼ》テ、絃差《つるさし》等也。日本ニ而ハ坂ノ者也。夫ハ者皮腐《はう》トテ、京九重ニ入レハ覆面ヲスル也。是ヲ燕丹ト云也。燕丹国ノ王ニテ坐スカ、楚国ノ王ニ追出サレテ、日本播磨ノ国ヘ越テ、我ヲ王ニセヨト仰セケレバ、日本ノ人物咲ニシテ突出ス間ダ、牛馬ヲ食シテ渡世ニル間《（ママ）》、云爾也。其末孫不ル有ラレ振舞ヲ而テ過ル間タ、無窮ノ躰有ハ也。三ケ類例ト者、渡シ守リ、山守リ、草履作リ、筆結、墨子、傾城、癩者、伯楽等、皆連寂衆ト云也。唐士トモ云。是ヲ云非人ト也。千駄櫃ノ輩トモ云也。如斯非人ノ職人法度ノ掟目ハ、延喜ノ御門ノ勅定ノ従来リ始ル矣。

これは喜田も述べているように、「可なり附会極まる、而も妙な文」には違いないが、しかし言わんとすることは十分に伝わってくる記事である。そこからうかがえるのは、これを書いた人物（牧は、「真言宗のあまり高い教養をもたない僧」だと推定している）が、当時の被差別民に対して抱いていた、はげしい賤視の感情である。「燕丹《えんたん》国ノ王ニテ坐《ま》スカ」以下には、いわゆる「（被差別集団）異民族起源説」の影響が、はっきりと出ている。

冒頭の「其類例」の「其《その》」とは、中国の鶏州と陽州の間を、関銭も払わずに往復しながら商売をしていたとする「連寂《れんじゃく》」（行商人）を指している。その説明が、ここに引いた文章の前に見え、中国の話が脈絡もなく日本のことにつながっている。このへんは珍妙というしかないが、「サンカ」という言葉の使用例を検証するうえでは、べつに問題にはならない。この資料の重要性は、

・草履作り・坪立て・絃差し・渡し守・山守・筆結い・墨子・傾城《けいせい》・癩者・伯楽《ばくろう》

などを「三家者」「三ケ」と呼んでいたとしているところにある。

さらに、「三家者」「三ケ」と同じ総称として、

・坂ノ者・皮腐・燕丹・連寂衆・唐士・非人・千駄櫃《せんだびつ》の輩

の語を挙げている。

まず、総称の方から述べることにしたい。「坂の者」は「犬神人《いぬじにん》」「弦差《つるさ》し」「弦召《つるめそ》」などともいい、京都東山の五条坂へんを拠点にしていた、中世の代表的な賤民集団である。理由は不明だが、人前では覆面をする習俗があった。「京九重ニ入レハ覆面ヲスル也」とは、そのことを指している。

「皮腐」は、喜田が引用した宝寿院本を含め、ほとんどの写本で「皮庿」または「皮庿」となっており、下の字に「ハウ」と仮名を振ってあるという。「庿」は「廟」の古字であり、「庿」は諸橋轍次の「大漢和辞典」にも見えない。しかし、とにかく『格式目』の筆者は、これを「カワボウ」と読ませようとしたものと思われる。カワボウは、いうまでもなく皮革系の被差別民を指す蔑称である。喜田は、そのへんをくんで「皮腐」と書き改めたのであろう。これでは「カワボウ」とも「ハウ」とも読めないが、いずれにしても、ある種の賤民を意味していることは疑いない。

「燕丹」は、おそらく「えた」の、「唐士《とうじ》」は「屠児《とじ》」の宛て字ではないか（ただし後者について、牧は別説を立てている）。「連雀衆」と「千駄櫃の輩」は、ひとことでいえば行商人のことである。この二者も、当時は賤視の対象になっていたのだろうが、それでも「坂の者」「皮庿」「燕丹」「唐士」「非人」とは、いくぶん異質の集団であったかもしれない。

『格式目』が「三家者」「三ケ」と呼ぶとしている十職種（癩者は職業名とはいえないが）のうち、「草履作り」「癩者」「伯楽」（馬医者）を除く七つが、江戸浅草の穢多頭《えたがしら》弾左衛門の『由緒書』に見える二十八座と重複している。あとの三つも、周知のように差別と無縁ではなかった。
要するに、「三家者」「三ケ」は何重もの意味で、中世の被差別民とかかわる言葉であったことは否定しようがないのである。

沖浦和光は『幻の漂泊民・サンカ』一五三ページに「『三家者』＝サンカ説は成り立たない」の小見出しを立てて、次のように記している。

ここに列記されている一連の職業は、当時の賤民が従事したとされている職種を思いつくままに羅列したにすぎない。「癩者」がここに含まれていることからも分かるように、歴史考証としてはきわめて粗雑であって、喜田も「かなり附会極まる妙な文」であるとコメントしている。
以上でみた三つの理由によって、喜田貞吉の『サンカ者名義考』の論理には賛成できない。そもそも「藁履作」「秤作《はかりつくり》」「弦差」という「三家者」の三つの稼業そのものが、近世末期から現れたサンカ民俗とは合致しないのだ。

沖浦のいう「喜田の論理」とは、『格式目』中にも見える「坂の者」（サカノモノ）の音が変化して「サンカモノ」になったとする見解である。その説の当否はともかくとして、当時、賤民の扱いを受けていた一連の職業集団が、語源は何であれ、「サンカ」「サンカモノ」の名で呼ばれていた事実は揺るがない。重視すべきは、この点にある。

沖浦は同書四九ページで、安政二年（一八五五）に広島藩の加茂郡役所が村々へ示達した文書を紹介している。

> サンカト唱無宿非人共近年所々数多罷在、食事用鍋釜等其外、合羽・桐油之類渠《かれら》等不相当之品所持、何所ニ而《て》も竹木取合小屋掛いたし、桐油等を以雨雪を防候故、無差閊《さしつかえなく》所々心易徘徊いたし、中ニ者《は》山野人離之木蔭等へ数多寄り合、小屋掛ケ等いたし、博奕其外悪行いたし候儀ニ相聞、態々《わざわざ》申遣ス
>
> （以下略）

沖浦は、これを「私が見た限りでは、幕藩体制側から出されたサンカに関する最も古い公式文書である」としている。ほかの個所の記述から判断して、「公式文書」のところを「文字資料」と置き換えてもかまうまい。要するに、気づいた範囲での「サンカ」という言葉の初出例だとみなしているのである。

広島藩資料の「サンカ」が、こんにちの辞書、事典類に見える「サンカ」と同語であることについては、おそらく、だれにも異存はないだろう。問題は、これと『格式目』の「三家者」「三ケ」との関連だが、わたしは双方が同一の言葉であることに少しの疑問もおぼえない。二つは音が同じであり、

ともにある種の被差別者を指している。全くの同音で、意味に重要な近似点をもつ以上、これらを別語とする理由が見当たらないのである。

のみならず、『格式目』の「三家者」「三ケ」と、後世のサンカとは、沖浦が言うように「稼業そのものが合致しない」ということはない。注目すべき共通点が存在するが、これについては後述にゆずりたい。

そもそも、中世に賤民を指す「サンカ」なる言葉が使われていたことじたい、十分に注意してよいことなのに、沖浦がさして問題にしないのは、わたしにはとても奇妙なことに思える。沖浦は、サンカの発生時期を江戸時代末だとしている。この説の成り立ち得ないことは、いくつかの箕作り村の歴史をたどってみるだけではっきりする。その一端については、これまでにすでに触れたとおりである。沖浦が三家者と中世被差別民とのかかわりを認めながら、近世末以降のサンカとの関係をあっさり否定したのは、「サンカ近世末発生説」を前提にしたためではないか。

さらに、『格式目』の記述を重視しなかったもう一つの理由は、「三家者の稼業」に竹細工も川漁も含まれていないと考えたことにあると察せられる。これは、一見そのようにみえるけれども、しかし違う。「三家者」の中には両方の生業にかかわった集団が、ちゃんといた。「渡し守」である。こう記すと、けげんに思われる方も少なくないだろう。だが、渡し守はしばしば竹細工の工人を兼ねていた。むろん川漁とも無縁ではなかった。

3　渡し守と竹細工

渡し守が賤民として位置づけられていたところは各地にあった。弾左衛門由緒書の二十八座にも含まれている。

新潟県北部には「タイシ」と呼ばれる被差別民がいた。タイシは、このあたりでは古くから渡し守を指す言葉であった。『部落問題事典』によれば、文禄・慶長期（一五九二―一六一五年）の越後国検地帳に「カワタ」（皮革系の賤民に対する蔑称）の肩書きは全く認められず、渡し守（タイシ）が賤民とされていた。同県北部地方ではいまも、その系譜につながる人たちのことをタイシと呼ぶ場合がある。強い賤視のひびきをおびた言葉である。タイシの語源については「太子信仰」によるというのが通説だが、異論もあって、はっきりしない。

わたしが同県北部で確かめることができたタイシの集落は七カ所ほどある。北部というのがどのあたりか、詳しく記すことはないだろう。いずれも被差別部落とされていて、当然のことながら大きな川に面している。

七カ所のうち四カ所では、何十年か前まで竹細工を重要な生業にしていた。一カ所は、少なくとも近年では数人が竹細工をしていただけであり、残り二カ所については、まだ取材をしていない。どの村も、かつては川での鮭漁をもう一つの生業にしていたようだが、すべてがまちがいなくそうであったかどうかは確かめていない。もちろん橋ができるまでは渡船の仕事にも従っていた。斃牛馬処理や皮革業には、むかしから全くかかわっていない。その系譜の部落は、また別に存在する。

新潟県のタイシの村を遠望する。(平成15年９月５日)

七つの村の一つを、いま仮に「仙崎」と呼んでおこう。ここに江戸時代から「渡し場」と「渡し守屋敷」があり、また鮭漁をしていたことを示す記録はあるが、竹細工に言及した文書類が残っているのかどうか調べがついていない。しかし仙崎は古くから、まぎれもない竹細工の村であった。笊も籠も箕も作っていた。筬《おさ》の生産地だったことも、まずまちがいない。明治十年（一八七七）に東京で開かれた内国勧業博覧会に、仙崎が含まれる町から筬が出品されているが、この町で竹細工をしていた集落はほかにはないから、そう推定できるのである。

仙崎の箕は竹箕である。このへんは、おそらく竹箕作りの北限の地であったと思う。材料は女竹《めだけ》だった。その竹は日本海に浮かぶ小島「粟島」から、わざわざ船で運んでいた。買っていたのだ。川べりに生えている竹を無代で手に入れていたのではなかった。

仙崎は四つの地区からなるが、その一つに住む大正十年（一九二二）生まれの女性によると、同地区の四十戸ほどのうち、二十戸くらいが竹細工をしていたという。そうでない家は、漁船に乗って北海道へ出稼ぎに行っていた。それ以前は、おそらくほとんど全戸が竹細工を生業にしていたのではないか。このあたりは河口と、そこに迫った山のあいだの、ひとすじのしわのような細長い土地に民家が密集していて、農地は皆無にひとしい。

わたしは、この地方で作られた竹箕を一枚だけ目にすることができた。それは、ある資料館の収蔵庫に保管されていた。生産地が仙崎か、それともほかのタイシの村なのかわからない。かなりの年代もので汚れと傷みがはげしく観察がしにくかったが、たしかに笊目《ざるめ》編みであった。わたしは山梨県以西で百種ではきかない竹箕を見ている。それらはすべて網代《あじろ》編みで、笊目編みの箕というのには、これまでのところ出会っていない。いや、それらしき箕がもう一枚あった。第三章で触れた奈良県田原本町の唐古遺跡から出土した二千数百年前の箕である。このような事実が何を意味しているのか、むろん簡単に判断できることではない。ただ、たしかにいえるのは、渡し守の集落で竹細工や川漁（この場合は鮭漁が主だった）をしていたということである。それは決して、このあたりに限ったことではなかった。

柳田國男の『毛坊主考』には次のようにある（『定本柳田國男集』第九巻三七八ページ）。

同国城崎《きのさき》郡竹野《たかの》村（兵庫県北部）の茶筅が、竹細工及び田畑小作の外に渡守を職業として居たと云ふこと、是亦注意して置くべき事柄である。丹後では今の熊野郡田村大字平田（京都府北部）

の茶筅は、穢多非人とは別にして、田畑小作の外当時木挽をも為すとある。牧野豊前守領分同国舞鶴附近の茶筅は、一名を鉢ともサヽラとも呼ばれた。本村の百姓と神事参会等の交際無く、床の上へは上げず土間に差置いて応対をした。併し穢多非人では無く、相火を忌まなかつた。主たる職業は乞食行倒人の取扱で、年始五節句には祝言を述べて物貰に廻つたとあつて、此地では名称の由来は説明して居らぬ。

宮本常一は『山に生きる人びと』二二三ページ以下で次のように述べている。

長野県天竜川中流にももとは丸木舟が多かった。その舟はそれぞれの土地で造られたものであるが、多くは渡船として用いられ、渡守はたいてい籠作りもしていたし、船をつくる技術をもっているものもいたという。もとより直接に渡守からきいたのではないのでくわしいことはわからない。

沖浦和光の『幻の漂泊民・サンカ』にも、渡し守と竹細工とのかかわりをうかがわせる事実が記されている（二四四ページ）。

三次《みよし》盆地（広島県北部）には、馬洗《ばせん》川など四つの川が流れ込み、ここで合流して江《ごう》の川となって日本海に入る。広島県の北部に散在する（被差別）部落の多くは、この河川沿いに配置されていた。その分布図をみると、藩権力によって強制的に分散移住させられたことがはっきりしている。河川敷にある部落は、耕地がほとんどないので、山仕事・船稼業・川魚漁・鵜飼、それに竹細工がおもな生業だった。

石田家が住んでいた地区も馬洗川の河川敷にあって、江戸時代から「岡田の渡し」の船頭をしていた。一八四八（嘉永元）年生まれの祖父は、三里（約一二キロ）ほど離れた川西村へ出かけて、昼間は番小屋で竹細工をやり、夜は村の見回りなどをしていた。竹細工は生活のための生業であり、村番の警固役は命じられた役負担だった。

三角寛の『サンカ社会の研究』六二ページには、サンカの生業の一つに「労務」があり、それは「ヤモリ（山守）イケス（池番）カモリ（川番人）ノモリ（田畑番人）ウキス（繋留船の番人）」からなると書かれている。同書には虚構が多く、資料価値がとぼしいことは、これまで繰り返し述べた。

しかし、「労務」を含めた「生業種別」の項は、そこに明らかな粉飾と様式化がほどこされているにしても、かなりの程度、実態を反映しているようだ。例えば、三角がサンカの副業だとしている「洋傘直し」である。双方のつながりは、ことのほか深い。わたしは、それを裏付ける証言に何度も出会っている。その一端は本稿でも紹介した。

労務のうちのカモリとウキスについて三角は記している。

カモリは、今日では禁漁区や個人占有の買切区域などに雇はれて見張りをしてゐる。地方によつては、「川徒」と呼ばれてゐる。彼らは驚くべき魚捕りの名手である。（中略）ウキスは、東京の河川に多い。繫留船の番人に雇はれて無人船の番をする。これは（昭和九年七月二日より八月十日まで）東京水上署石井探偵長の案内で確認した。

このへんの情報を、三角が警察から得たということは、十分に考えられる。ここにえがかれたカモリやウキスに、時代の変遷で職を失った渡し守の姿を見てとっても、付会ということにはならないと思う。

三角のいう「ヤモリ（山守）」は、また『貞観政要格式目』に見える「山守」でもある。サンカと渡し守、山守《やまもり》とのつながりを指摘した資料は、ほかにもある。後藤興善（明治三十三年、兵庫県姫路市生まれ）は、『又鬼と山窩』三〇二ページ以下で次のように述べている。

自分の少年時分、この徒をサンカ・ドサンカと卑しみ恐れて呼んだ。（中略）今夏（昭和十五年）帰省して、八十二歳の青田庄三郎といふ老人に聞くと、改正（明治維新）になつてから、サンカと云ひ出したので、もとはオーゲだしたといふ。以前よく、市川の川原や甲山の裏手にテントを張つてゐる者を見かけた。この徒で山番をしてゐる者や渡し舟の守をしてゐる者もあつた。

移動箕作り系のサンカと山番とのあいだに深いかかわりがあったことについては、第四章の2「飛行機力《りき》ちゃん伝」の項でも触れたとおりである。要するに、『格式目』が「三家者」「三ケ」の類型として挙げる職業集団の中に、後世のサンカと生業が一致する者たちがいたことは否定しようがないと思う。

『貞観政要格式目』が成立した十六世紀の前半以前には、「サンカ」「サンカモノ」という言葉は、ある種の被差別民を総称していたように思われる。ただし、この言葉を記した資料が、これまでのところほかに発見されていないことから考えて、そう広く通用していた日常語ではなかったろう。中世後期の被差別民は一般に「非人」「坂の者」「犬神人《いぬじにん》」「河原者」「えた」「散所法師《さんじょほっし》」などの名で呼ばれていた。その従事した生業はすこぶる多様で、一群の職業集団がいくつもの仕事を兼ねることも珍しくなかったとみられる。全人口に占める割合も、のちの時代よりずっと多く、町にも村にも山野にも定住あるいは非定住の被差別民たちが満ちみちていたといってよいかもしれない。

江戸時代になると、彼らは二つのグループに分かれていく。人別帳の制度内に組み入れられる者と、その枠外に置かれたままの者とである。一方は有籍者、他方は無籍者だということになる。

前者の中には「えた」「ひにん」（中世の非人とは意味概念が違う）などの名で呼ばれた法制上の被差別階級が含まれていた。彼らはしばしば、人別帳では最後にひとまとめで名前を載せられたり、人別帳じたいが別帳にされていた。しかし、戸籍制度の枠内にいたことに変わりはなかった。

有籍者グループの中には賤民の地位を脱した人びとも少なくなかった。彼らは、あるいは定住して農民になり、あるいはもとの生業に従いつつも賤民とはみなされなくなったりした。だが、法制上は平民に位置づけられていながら、事実として賤視の対象になっていた者たちも多かった。江戸後期の国学者、本居内遠《うちとお》（一七九二―一八五五年）は『賤者考』で、そのような集団名を何十も列挙している。平民は、彼らとは「同火はすれど婚はせぬ」のがふつうであった。

人別帳に載るということは、まず例外なしに定住していることを意味していた。当然、地子《ぢし》（年貢）や夫役《ぶやく》（町場では銀納のことが多かった）の負担義務を負っていた。一方、人別帳に載らない「無宿《むしゅく》」（「帳外《ちょうがい》」「帳外れ《ちょうはず》」ともいった）は、定まった住居をもっていなかった。一所で暮らしていても、それは古塚であったり、自然の洞穴であったり、ほんの何時間かで建てられる小屋であったりした。古塚で暮らす帳外れ（野非人）は、全国的に広く見られたようである。明治、大正期になってさえ、そういう例はいくらもあった。

帳外れは、有籍者が「欠落《かけおち》」「久離《きゅうり》」「勘当」「追放刑」などによって籍を失った場合も、むろん多かった。だが、そのほかに生来の無籍者、何世代にもわたって無籍者でありつづける人びとの集団が存在していた。幕藩政府が彼らを人別制度に組み入れて課税の対象にしなかった理由は、おそらく収税作業に手間と経費がかかりすぎて、それに見合うだけの税収が期待できなかったからだと思う。

無籍者グループの中には、時代の推移とともに定住生活へ移った者も、当然いたろう。また、もと有籍者で、さまざまな事情により彼らの社会へ合流した者も、いたに違いない。何世代にもわたる無籍者の集団は、そのときどきで増減を繰り返しつつ、しかし全人口に対して、とるに足りないほどの少数になることはなかったとみられる。維新後になっても、おびただしい数の無籍者の存在を報告する資料が、いくつも残されているのである。彼らの数は、明治初期で人口千人に対し何人といった高い比率に達していたのではないか。

累代の無籍者集団が、すなわちサンカだとはいえない。例えば木地屋には、そのような人びとが少なくなかった。維新後、「木地屋根元地」の代表格とされる滋賀県永源寺町の君ケ畑と蛭谷《ひるたに》の戸長役場に対して、全国のほとんどの府県から、それぞれの管内に住む無籍の木地屋について問い合わせが相次いでいたのである。しかし木地屋は生業や移動の形態の点で、ふつうサンカに分類される集団とは明らかに違う。外部社会の見る目も異なっていた。だからサンカとは呼べない。ただ、双方にある種のつながりが認められる場合もあったことには、すでに触れた。

サンカとは、私見では、江戸期の人別帳に載らない帳外れの人びとのうち、主に箕作り（むろん箕直しを含めて）、竹細工、川魚漁、門付け芸そして物乞いなどに従事していた集団の系譜に属する者たちのことである。

それは中世以前からの生き方を受け継いだものであって、意思的な反逆・抵抗でもなければ、追いつめられたあげくの逃亡・零落でもなかった。

江戸期に法制上の被差別部落だったり、事実として賤視を受けていた集落の中には、その住民がサンカと呼ばれる人びとと似た稼業に従事していた例が、よく見られる。これは彼らの淵源が、ともに中世の被差別者たちの集団にあったことによっている。その違いは、一方は戸籍制度の枠内へ組み入れられたのに、他方は中世の無籍状態のまま近世をへて近代へと至ったところにある。

前者は、たとえ生態にサンカとの重要な類似点を指摘できたとしても、サンカとはいえない。サンカとは、あくまで後者の集団のことである。彼らは無籍ということを大きな特徴としていた。

あとがき

「サンカ」の名で呼ぶことができるような集団での暮らしを、成人として、あるいは少年として経験した人びとは、二十一世紀に入って数年を経たこんにちなお、各地にかなり残っている。どういう理由によるのかはっきりしないが、関東地方には、その数がことに多いようだ。わたしが所在を確認しているだけでも百家族に近い。悉皆《しっかい》調査をしたわけではないので確かなことはいえないにしても、昭和二十年代には、どんなに少なく見つもっても関東だけで千家族、五千人くらいはいたと思う。

ただし、その人たちのことを日常語ではサンカとは言わない。ミナオシ（箕直し）、ミヤ（箕屋）、ミーヤの呼称がもっともふつうで、ミーブチ（箕打ち）と呼ぶところもある。かつてはテンバという言い方もあったが、関東に関するかぎり、いまではまず使われることはない。彼らのことを研究者たちは東日本におけるサンカの一類型として扱い、また方言の一種であるとみなしてきた。三角寛が『サンカ社会の研究』などで紹介したサンカも、この集団にほかならない。本書でも先学にならい、この語を用いている。

サンカをさがし出すのは簡単である。その気になれば、だれにでもできる。ただし、そのような集団がかなり早い時期に姿を消したらしい地域が少なからずあって、そういうところでは調査の成果が挙がりにくい。例えば四国は、その一例である。

わたしはこれまで、主に関東地方を研究フィールドにしてきた。村落社会を歩いて住民から箕とミナオシの話を聞く作業をつづけてきたのである。おおむね六十代以上の人ならだれでも、彼らについて精粗の差はあっても知識と情報をもっていた。近隣を回っていたミナオシの名前をおぼえている方も少なくなかった。なかには当人か、その子供が現在どこで、どんな暮らしをしているのか正確に指摘できた農民もいた。三十人、五十人に話をうかがっているうち、一人、二人は必ずそのような人に出会えたのである。関東のどことは限らない。わたしが回ったところは、ほとんどどこでもそうであった。「サンカは、どこにでもいる」。フィールドを歩きさえすれば、この言葉がおおげさでないことに、すぐ気づかれると思う。

とはいえ、取材は年々むつかくしなっている。農民の側にしろ、かつてミナオシの名で呼ばれていた集団の所属者にしろ、内容のある話ができる人たちは、おおかたが七十代、八十代といった年齢に達しているからである。おそらく、あと十年もたつと、この方面の研究は事実上、不可能になってしまうのではないか。わたしはこれまで、サンカ社会に生をうけた二十人ほどから話をうかがうことができた。振り返ってみれば、かろうじて間に合ったとの思いが強い。

なお、本書の冒頭部分そのほかに登場する久保田辰三郎、松島ヒロ夫婦の子供たちのことは、ここ数年のあいだに、いくつかの著作物に相次いで紹介されている。わたしが気づいた範囲では、朝日新聞社発行の週刊誌『アエラ』の平成十四年八月十九日号、批評社の雑誌『歴史民俗学』22号（平成十五年二月）、飯尾恭之著『サンカ・廻游する職能民たち　考察編』（平成十七年三月、批評社）などである。三角寛の接触いらい、およそ四十年にもわたって研究者に取り上げられることのなかった人たちが、なぜ急にメディアに顔を出すことになったのか不思議な気がしておられる向きも少なくないと思うので、このへんの事情について、ごく簡単に記しておきたい。

わたしが『サンカ社会の研究』の写真に出ている集団を求めて埼玉県中部域を回りはじめたのは、平成十三年の春である。むろん、さがし出せる見通しがあったわけではない。しかし、その撮影時期は、おおかたが半世紀たらず前のことであり、彼らを目撃した人びとには必ず出会えると確信していた。わたしは何百人もの地域住民から話を聞いた。そうして、ほぼ一年後に夫婦の長男と四女の現住所を突き止めることができたのである。最初の面談は平成十四年五月八日であった。

ところが、それからわずか四十日ほどのちに、別の研究者がきょうだいのもとへ現れている。前記『歴史民俗学』を主な発表場所にしているという利田敏氏らである。利田氏が同誌22号に寄稿した「荒川族サンカ辰さん一家の記録」には、どういう理由によるのか、その日を「二〇〇二年某月某日」とぼかしているが、これは同年六月十六日のことである。

氏は、この日「地元の古老からサンカに関する思い出など聞けたらいいな、というくらいの軽い気持ち」で「北関東の某川沿い」へ調査に出かけ、「かねてからチェックしていた」古くからある住宅を訪ねたら、そこが松島始氏のヘルパー宅だったと述べている。たった一日の取材で、偶然にも松島きょうだいのもとへたどり着いたとしているのである。ずいぶん奇妙な話もあったものだが、ここではヘルパーのT氏が、それ以前のわたしの出現によってサンカなる存在を知り、たいそう興味をいだいていたことを指摘しておくにとどめたい。『アエラ』の記者も飯尾氏も、利田氏とは旧知の仲である。

本稿を現代書館編集長、村井三夫氏のもとへ持ち込んだのは、昨年八月下旬であった。現代書館は、サンカの実証的研究に先鞭をつけた雑誌『マージナル』や、『三角寛サンカ選集』を発刊してきた書肆である。このときもちょうど、『三角寛サンカ選集』の第二期、全八巻の刊行開始を目前にひかえ、氏は多忙をきわめていたようであった。

わたしは「日本竹細工研究所」という、おおげさな名前の、そのじつ実体のない組織の主宰者を名のっている。無名の、なにか怪しげな自称研究者から持ち込まれた原稿の束を前にして、氏は内心どう思われたことだろうか。氏が、なんとか目を通してみる気になられたのは、テーマがサンカであったという一点によっていたと思う。ほかの出版社であったら、とくに当時の氏のように「これ以外の仕事はぜんぶ離れて」、シリーズの準備にかかっていた編集者が、得体の知れない原稿にかかずらうことなどなかったろう。それを考えるとき、拙稿の出版を引き受けていただいた村井氏と現代書館、および関連作業にたずさわられた方々に、ひときわ感謝の気持ちを深くせずにいられない。この場をお借りして心からのお礼を申し上げます。

平成十七年六月十日

筒井　功

本書における地名は平成十四年頃のもので、最近の市町村合併による地名変更のものとは異なる箇所があります。

筒井　功（つつい　いさお）
昭和十九年、高知市に生まれる。もと共同通信社記者。現在は「日本竹細工研究所」を主宰し、主に非定住民の生態・民俗や、白山信仰の伝播過程の取材をつづけている。著書に『中央アジア・シルクロード』（昭文社）、『韓国を食べ歩く』（西田書店）などがある。

漂泊の民サンカを追って

二〇〇五年七月十五日　第一版第一刷発行
二〇〇六年五月十五日　第一版第二刷発行

著　者　筒井　功
発行者　菊地泰博
発行所　株式会社 現代書館
東京都千代田区飯田橋三―二―五
郵便番号　102-0072
電　話　03（3221）1321
FAX　03（3262）5906
振　替　00120-3-83725

組　版　美研プリンティング
印刷所　平河工業社（本文）
東光印刷所（カバー）
製本所　黒田製本所

校正協力・東京出版サービスセンター
 ISBN4-7684-6902-7
定価はカバーに表示してあります。乱丁・落丁本はおとりかえいたします。
http://www.gendaishokan.co.jp/

三角寛サンカ選集　全十五巻

［第一期］

第一巻　山窩物語

四六判上製３３６頁
定価２８００円＋税

フィールドノート　**山窩物語**　第一話　山窩入門／第二話　わが師は老刑事／第三話　山窩のしわざ／第四話　瀬降探訪記／第五話　山窩のとりこ／第六話　炙り出し秘話／第七話　武蔵親分の理解／第八話　録音機、瀬降に入る／第九話　山窩の社会構成／第十話　山窩の夫婦生活／第十一話　腕斬りお小夜　**山窩は現存している　山窩の「大親分」に就いて　山窩を訪ねての旅**

第二巻　裾野の山窩

四六判上製３４４頁
定価２８００円＋税

小説　唯一の長編。徳川三百年に仕えた隠密・サンカたち。維新後、富士の裾野で繰りひろげられた財宝をめぐる愛憎まじえたサンカ社会の物語。スリルとエロチシズム満点の活劇大ロマン。三角寛サンカ文学の真骨頂が発揮されている。

第三巻　丹波の大親分

四六判上製３２６頁
定価２８００円＋税

小説　丹波の大親分／復讐の山窩／大突破／火取蟲／おしゃかの女／元祖洋傘直し／蛇に憑かれた女

第四巻

犬娘お千代

小説　犬娘お千代／宇津谷峠／真実の親分／犬神お光／歩哨の与一／伊佐沼の小僧／親分ごっこ

四六判上製３３４頁
定価２８００円＋税

第五巻

揺れる山の灯

小説　揺れる山の灯／山窩娘おかよ／宿蟹飛天子／山窩の恋／燃ゆる親分火／掟の罪／坂のお雪／直実と妙蓮

四六判上製３３２頁
定価２８００円＋税

第六巻

サンカ社会の研究

研究論文　第一章　序論篇／第二章　生活篇／第三章　分布篇／第四章　社会構造篇／第五章　戦後におけるサンカ社会の変化とその動向／**解題・沖浦和光**（桃山学院大学名誉教授・比較文化論）

Ａ５判上製３９０頁
定価５０００円＋税

第七巻

サンカの社会資料編

研究論文　三角寛撮影・サンカの生態記録写真集（95頁）／附・サンカの炙り出し秘密分布表（写真）／「サンカ社会の研究」概要／全国サンカ分布地図（折込み）／全国サンカ分布表／サンカ用語解説集／サンカ薬用・食用植物一覧

Ａ５判上製３０４頁
定価４５００円＋税

［第二期］

第八巻

山窩が世に出るまで

四六判上製360頁
定価2800円＋税

フィールドノート Ⅰ 山窩銘々伝／山窩の話／山窩が世に出るまで／山窩について（山窩と私・丹沢山の山窩に就いて・山窩考証 山窩と夙と茶筅・山窩の隠語・山窩の文献に就いて）／墓地の幽鬼――山窩の血を引く大学者――

小説 Ⅱ 貰子殺しの真相／昭和毒婦伝／サヂズムのソプラノ歌手／美しき放火魔／**解題・今井照容**（作家）

第九巻

昭和妖婦伝

四六判上製352頁
定価2800円＋税

小説 山窩お良／阿片窟の女王／母娘詐話師／子爵令嬢 天人お艶／魔の令嬢／嬰児を盗む令夫人／**解題・朝倉喬司**（ノンフィクション作家）

第十巻

山窩血笑記

四六判上製340頁
定価2800円＋税

小説 山窩血笑記／峠の女親分／牛飼の娘／榛名の血煙／たぎる湯の川／丹波戻りの馬鹿広／梅林お花／夕暮お谷／**解題・佐伯 修**（ライター）

第十一巻

山窩の諜者

四六判上製348頁
定価2800円＋税

小説 山窩の諜者／山窩探偵／処女の親分／木曾の山猿／**解題・千本健一郎**（ジャーナリスト）

第十二巻

帯解けお喜美

小説　伊賀の親分／帯解けお喜美／牛斬りお作／瀬降の嵐／隠れ座頭／愚直の正吉／山和郎／山椒魚事件／笑死／**解題・田中勝也**（古代史研究家）

四六判上製360頁
定価2800円＋税

第十三巻

愛欲の女難

小説　乳房ルリ子物語／愛欲の女難／呪いの瀬降／戸山ヶ原の仇討／椿山お香代／箕づくり娘／マタギの女／暁の妖精／**解題・中川六平**（編集者）

四六判上製360頁
定価2800円＋税

第十四巻

青蠅のお蝶

小説　青蠅のお蝶／足切喜三郎／笛を吹く怪人／子売の話／**解題・紀和　鏡**（作家）

四六判上製348頁
定価2800円＋税

第十五巻

人世坐大騒動顚末記

ルポ　昭和三十四年一月から昭和三十五年九月までの文芸会館人世坐労働争議の実態を三角寛自らが記録した本邦初公開の書。元・事件記者・三角寛の本領が遺憾なく発揮されている。／**解題・上野昂志**（映画評論家）

四六判上製448頁
定価3500円＋税

『マージナル』◉主要目次

定価　1号〜3号は1300円＋税
定価　4号〜10号は1500円＋税

三浦寛子 著
父・三角寛
サンカ小説家の素顔

戦前は『銭形平次』の野村胡堂と並ぶ流行作家としてサンカ小説を確立、戦後は池袋に映画館・人世坐を創設した三角寛。その一人娘が作家、実業家、そして父としての日常や交友関係、女性関係等、父・三角寛の波瀾万丈の赤裸々な人生を語る。**朝日、読売絶賛!!**

２０００円＋税

サンカ研究会 編
いま、三角寛サンカ小説を読む

大好評「三角寛サンカ選集」への熱き読者カードに感動し、その読者に三角寛とサンカについてのアンケートを出して集計した。そこに表れたものは従来の大衆文学論では全く語られなかった大衆文学・三角寛サンカ小説の魅力を語る生の声であった。

２０００円＋税

三角 寛 著
つけもの大学〈新装版〉

サンカ小説家・三角寛は漬け物専用小屋を建て、そこで漬け物業に励み、人世坐、文芸坐でも売られ話題を呼ぶ。彼の漬け物数は１７３０余種類に及び、本書では25種類のレシピを収めている。「漬け物は芸術の真髄」との三角寛の漬け物学論である。

２５００円＋税

三角 寛 著
味噌大学〈新装版〉

サンカ小説家・三角寛は朝日新聞社の記者時代の26歳から味噌づくりを始めて以来、約50種類の味噌を常備していたという。そのうち21種類の味噌づくりを取り上げている。味噌づくりを通して三角寛の自然観、人生観が浮かび上がってくる。

２５００円＋税

『マージナル』編集委員会 編
歴史はマージナル
漂泊・闇・周辺から

五木寛之「漂泊の幻野をめざして」／三浦大四郎・寛子「わが父・三角寛を語る」／中上健次vs朝倉喬司「さてもめずらし河内や紀州」／山折哲雄「大嘗祭と王位継承」／網野善彦〝顔〟のみえる『資本論』等、16名の各々が歴史を基層から語り合う。

２８００円＋税

朝倉喬司 著
走れ 国定忠治
血笑、狂詩、芸能民俗紀行

上州ヤクザ者・国定忠治は、何ゆえに明治以降、映画、演劇、浪曲、八木節、河内音頭等、大衆芸能の「語り」のヒーローとして大衆を魅了していったのか。その大衆のエネルギーを大道芸、香具師、河内音頭等の中に探り歩く朝倉の読み切り集。**五木寛之氏絶賛!!**

２８００円＋税